平台组织行为学

PINGTAI ZUZHI XINGWEIXUE

■ 主编 张 勇

重庆大学出版社

图书在版编目(CIP)数据

平台组织行为学 / 张勇主编. -- 重庆：重庆大学
出版社，2023.5
ISBN 978-7-5689-3428-2

Ⅰ.①平… Ⅱ.①张… Ⅲ.①组织行为学—教材
Ⅳ.①C936

中国国家版本馆 CIP 数据核字(2023)第 045875 号

平台组织行为学

主　编　张　勇

责任编辑：杨育彪　　版式设计：尚东亮
责任校对：关德强　　责任印制：张　策

*

重庆大学出版社出版发行
出版人：饶帮华
社址：重庆市沙坪坝区大学城西路 21 号
邮编：401331
电话：(023) 88617190　88617185(中小学)
传真：(023) 88617186　88617166
网址：http://www.cqup.com.cn
邮箱：fxk@ cqup.com.cn (营销中心)
全国新华书店经销
重庆华林天美印务有限公司印刷

*

开本：787mm×1092mm　1/16　印张：10.25　字数：227 千
2023 年 5 月第 1 版　　2023 年 5 月第 1 次印刷
ISBN 978-7-5689-3428-2　定价：36.00 元

前言

以互联网、大数据、云计算、人工智能主导的数字经济正在改造和颠覆传统的工业经济模式,这些数字化和智能化技术深刻改变了组织结构、运作模式和领导方式,涌现出一大批特色鲜明的平台型企业。以往的《组织行为学》教学内容主要基于传统的组织结构形式如直线制、直线职能制、矩阵制和事业部制等以及与之匹配的激励制度、领导方式、沟通模式和组织文化等,而对数字化时代平台型组织的出现对组织行为带来的新变化则未能给予足够的重视,导致教学内容与企业实践严重脱节。目前高校"组织行为学"课程采用的教材有多个版本,尽管各具特色,内容也在不断更新,但截至目前,大多都未将与平台组织相关的内容纳入其教学内容,这不得不说是一个遗憾。基于此,本书采用理论引入与案例学习相结合的方式,由浅入深,将最新的基于平台型组织的组织行为理论与实践引入课堂教学中。在课程内容的安排与设计中,将平台型组织的相关内容与传统组织进行对比呈现,充分体现平台型组织与传统组织管理的差异与特点。

本书第1章介绍了平台型组织的产生、定义、分类及特征,第2章介绍了平台型组织的结构及其治理机制,第3章介绍了平台组织领导力的结构及其前因和后果,第4章介绍了平台型组织沟通的概念及障碍,第5章介绍了平台型组织的公平问题,第6章介绍了平台型组织的激励机制,第7章介绍了平台型组织的人机协同问题,第8章介绍了平台型组织的学习与变革。本书可以作为管理类本科生的教材,也可以作为工商管理硕士(MBA)的专业教材。

本书出版得到了国家自然科学基金(72110107002、72132001、71974021)、重庆大学教学改革研究项目教材建设专项项目(JC202105)、重庆市研究生教育教学改革研究项目(yjg223007)的资助,在此表示衷心的感谢!本书在编写过程中得到了华中科技大学管理学院的龙立荣教授,重庆大学经济与工商管理学院的冯明教授、廖冰副教授、陈爱华副教授、程颖副教授、张翠莲副教授,以及博士生瞿浩、王明旋、庹艺雯、文小雅,硕士生丁雨薇、周平、吴玉兰、秦蕴涵、冯佳荟等的大力支持和帮助,在此表示深深的谢意!

由于平台型组织是一种新兴的组织形式,因此本书也是一部立足于探索性研究的教材,部分观点和结论有待进一步验证与修正,书中不妥之处,恳请读者批评指正! 作者通信地址:重庆市沙坪坝区重庆大学 B 区经管综合楼 707。电子邮件:zhangyongxy@ cqu. edu. cn

张 勇
2023 年 1 月

目录

第1章 绪 论

【导入案例】

2017 年，为了配套自身"整合、转型、创新"的平台化发展战略，应对新零售的全面威胁，永辉超市开始了轰轰烈烈的去中间化组织转型。

4 名永辉超市元老宣布辞职以支持永辉的组织变革，随后，永辉历史悠久的三大产品事业群被分拆成几百个不同产品类别的商社，实行营采合一。

全国市场被拆分成三大事业群，公司则被拆分为云超、云商、云创、云金四大事业集群，其中云商和云金一方面作为支持赋能平台，一方面又对外开放营业。

永辉超市打破了传统的垂直型组织结构，实现了去职能化和去管理层，实行合伙人制度。合伙人作为公司运营者、业务建设者和文化传播者，为客户、员工和股东创造长期价值，使组织更加完善，在未来的市场中更加灵活和更具竞争力。传统企业中固有的总经理、总监等企业核心职位被逐步代替，在新型组织中将建立多层合伙机制。

实施合伙人制度对永辉具有巨大价值，体现在永辉新孵化的业务板块中。以永辉云创公司为例，其核心团队成员由联合创始人与核心合伙人组成，共有 12 位团队成员，其中，每位合伙人可以自行组建子公司，但是其子公司数量不能超过 6 个。因此，这一创新运作机制也被内部称为"6+6"孵化模式，目前可见的超级物种、云创生活即可被看作是由永辉云创二度孵化而出的子公司。在新成立的子公司中，团队将再次分解出 6 名团队合伙人，选出 1 名队长继续带领整个创业团队进行自主创业与独立经营。

在"6+6"孵化模式下，永辉逐步建立起以"赛马制"为典型代表的竞争机制。在每次分化形成的 6 人团队中，都会通过团队内部的自主竞争，筛选出一位团队领导者，同时淘汰团队末位的 1 人，在此基础上形成 6 个团队，在新团队中继续实行上述内部竞争机制，不断循环，从而更加充分地保障合伙人制度的有效运行。

为了有效管理赋能支持拆分后的新业务，公司同时优化重组了原有其他部门，组建服务支持系统，促进资源的开放重组和融合再造，全面构建新兴组织形态，实现大平台、小前端、富生态的共同治理模式。

零售业正在发生变革,永辉在变革进程中实施创新战略,对自身组织结构进行改革。在中国的商业化进程中,永辉并不是唯一一家实施组织重构的企业,华为、阿里巴巴、小米、腾讯等企业都在推进自身组织结构的变革,以实现后台的集成化与数据化。

在许多主要行业中,平台型组织正在逐渐崛起,我们将迎接一个平台型组织的新时代。

资料来源:搜狐网。

请思考:

1. 永辉进行组织变革的主要原因是什么?
2. 你如何评价永辉此次组织变革?

1.1　平台型组织的产生

人类社会的文明随着信息技术的高速发展不断向前迈进,在人类商业文明的进程中发生过两次信息革命。第一次信息革命被称为计算机革命,在这次革命中,计算机进入了人们的日常生活,互联网开始在社会生活的各个方面发挥重要作用。第二次信息革命被称为数字革命,以云计算、大数据、智能化等为标志,海量数据以及数据挖掘成为新商业时代的重要手段。两次信息革命推动着人类社会从电气时代进入数据时代,"平台"这一新型组织形式在这个过程中应运而生。

2016 年 8 月,全球市值最高的 5 家公司分别为:苹果、谷歌、微软、亚马逊及 Facebook,以往热门的石油公司、金融公司、零售公司、工业公司均未进入前五榜单。2017 年,中国的两家平台公司腾讯及阿里巴巴市值分别突破 4 000 亿美元。这些数据表明,我们正在迈入属于平台型组织的新时代。

1.1.1　管道与平台

"管道与平台"(pipeline vs platform),这一组对比是帕克、埃尔斯泰恩及邱达利合著的《平台革命》中的核心观点之一。他们认为,与新的商业模式相比,传统商业模式的工作方式与"管道"相似,而新的商业模式则像"平台"一样高效运行。在该书中,数字化颠覆被分成了两个历史阶段。在第一个历史阶段中,由于传统商业模式运营效率的差异,产生了第一次淘汰,实现了高效管道对低效管道的淘汰;第二个历史阶段中,新的商业模式开始全面淘汰传统的管道商业模式,即平台将吞噬传统的管道。

传统系统的模式被描述为"管道",其价值创造与传递的每一个阶段都是独立完整的。公司首先设计产品或者提供服务,接着制造产品,然后销售产品,最后由客户购买产品,完成价值创造与传递的全过程。由于其价值流动简单、单向的特性,《平台革命》一书将传统的管道模式称为"线性价值链"(liner value chain)。现在,许多企业的结构模式正在进行转变,价值的单向流动被改变,供应商、客户以及平台在不同的时间扮演不同的角色,利用平台提供的资源与其他用户进行交互,其价值关系网络见图1.1。

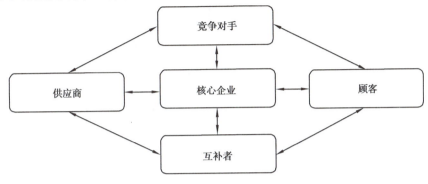

图1.1　价值关系网络

平台与管道的区别在于,在传统管道中,价值是单向流动的,而在平台中,由于平台将各方用户连接起来,实现了价值在不同地点以不同形式被创造、改变、交换和使用。例如,传统的出版行业中,作者完成书稿交给出版社,出版社印刷成图书销售给读者,作者与读者并不产生直接的接触。而在线上阅读平台中,作者和读者可以通过"平台"这个桥梁进行直接交流。

1.1.2　平台吞噬管道

平台模式的诞生带给许多行业翻天覆地的变化,传统的价值传递过程发生了巨大的改变。产生这些变化的原因有以下3个:

第一,平台借助规模化消除了管理者的限制作用,使得其规模化更加有效。例如,传统出版行业中,出版商在众多作者投递的书稿中选取其认为最有商业价值的一部分,然后进行规模化。这种方式不仅会造成时间上的浪费,也使许多潜力股被埋没,造成一定的损失。在亚马逊的Kindle平台上,任何人都可以上传自己的书籍作品,用户可以根据自己的喜好进行阅读,用户的购买数据能够直观地反映出最有市场的图书,相比传统方式更具科学性。在这种情况下,平台消除了人为因素对产品的干扰和限制,使客户拥有更多的产品选择权,提高了客户的满意度。

第二,平台开发了价值创造的新来源。平台通过提供默认的保险合同及信用系统,使交易双方行为的信用度能够得到一定的保障,显著降低了交易成本。这种方式可增加首次销售商品的供应商在顾客心中的可信度,有效降低其进入市场的难度。

第三,平台创造了社群反馈回路。维基百科的成功案例表明,平台能够利用社群反馈取代传统的供应链。利用平台模式,维基百科借助外部力量加大了对信息内容的审查力度,建立了一个在质量和范围上都更加完善的信息库。与之类似的百度百科也是如此,每一位百度用户都可以编辑百度百科中的词条,其他用户也可以对词条进行修改,最终形成一个不断发展、完善的信息库。

1.1.3 平台生态系统

1）平台生态系统定义

平台生态系统是平台所有者和平台互补者通过刺激间接网络效应,共同创造商业价值的网络(Ceccagnoli et al.,2012)。平台生态是通过创新产生互补品而让平台更有价值的网络,是由少数低度多样性的"核心"要素集合众多高度多样性的"周边"要素集组成的(Adner,2017)。

2）平台生态系统特征

自组织与共生演化是生态型组织的两大核心特征(陈威如,2014)。两大核心特征需要生态系统内在深层机制即"竞合"平衡的支持及支撑"竞合"机制的共享性"平台设施(platform infrastructure)",包括技术、商业与治理等方面的内容(Adner,2010)。平台型组织对平台生态的影响有以下几点:

第一,平台生态引领者需要价值共创共享。过度竞争可能导致互补者脱离生态系统(钟琦,杨雪帆和吴志樵,2021),因此,平台引领者需要处理好竞合矛盾并与平台互补者实现共创共享。

第二,平台生态系统需要技术系统的协同(Adner,2006)。互补者的地点、时间不同,以及工作的流程不同会影响协同效果。因此,需要借助信息技术系统,使得核心引领者与互补者能够更好地配合,产生集群效应。

第三,平台生态系统需要跨界领导。平台型企业的横向跨界领导与供应链伙伴的联结,可以迁移到生态系统。这种跨界领导,有利于生态引领力的提升。

第四,平台生态系统的激励需要坚持市场公平法则。

3）人才生态

纵观管理的每一次重大进步,都源于"人"的革命。1911年,泰勒的科学管理理论第一次将工作分析与人性分析相结合,在甄选工人、教育培训、多元化激励、职业规划等方面做出了前瞻性实践。

20世纪60年代,"丰田生产管理模式"提出了不同于泰勒的"员工参与管理",通过员工的相互讨论、学习形成对各项作业流程的规定,激发了员工的积极性。

20世纪90年代,随着互联网的兴起,知识经济时代开启,企业管理开始强调知识型员工的全面发展和自我管理。

21世纪,随着数字化革命的全面深化,人的创造力更加重要,充分解放个体的需求与传统的组织管理理念发生激烈碰撞,要求管理者必须摆脱传统管理理论的束缚。

(1)人才生态的特征

数字技术、移动互联带来了传统组织向平台型组织的跨越式发展,在新的组织模式下,仍是一场"人"的革命。在人才被视为企业核心战略资源的今天,企业应该摆脱传统人才管理的束缚,思考并总结人才生态特征,以打造新的人才发展平台。我们将人才生态的特征总结为使命指引、自主驱动、动态迭代以及数据化奠基。

①使命指引。企业的使命阐释了企业存在的根本理由,在人才生态中,使命成为凝聚全员的黏合剂,更是人才生态发展的动力。

②自主驱动。在使命的引导和感召下,人才的主动性和责任感被激发,人才的自主学习、自我管理、自发创新等自主化意识在人才生态中得以充分发挥,以此推动人才生态的发展演进。

③动态迭代。人才生态强调发挥人才价值,营造组织的动态环境。人才的流动带来组织所需能力的外部流入、内部能力的流转与互补、内部冗余能力的流出,而人才生态重视组织能力的动态化提升。

④数据化奠基。智能化的管理工具帮助管理者做出更理性的决策判断。先锋企业越来越重视数字化人力资源平台,运用智能化的工具和通过机器学习等方法实施人才分析和人事决策,以更客观、科学、精确的工具和手段降低组织成本、提升人才管理的有效性。

(2)搭建人才网络

从实践角度出发,管理者需要考虑如何搭建一个适合本组织的人才网络。这就需要管理者打破人才边界,实现多节点的人才联结和智能化的人才管理。

①打破人才边界。当企业只着眼于某一固有业务,对组织能力进行僵硬化和静态化的想象时,将形成难以逾越的人才内部等级边界。通过平台化变革,企业将自身未来着眼于满足不断迭代的动态化需求时,人才自身的多样化能力才有条件适用于创造无限可能。

华为为加速年轻优秀人才的成长,拆掉内部的层级楼板,早在2014年就提出要引入基于业绩的人才破格提拔机制。2017年,华为完成了对4 500名优秀员工的破格提拔,并计划继续扩大破格提拔的人数。

美的为了吸引拥有创意的精英人才,在人工智能、机器人、传感器、芯片等新兴行业的聚集地——硅谷南湾核心地带成立了未来科技中心,并开始全面加速在全球各个人工智能、工业设计、大数据等技术人才集聚地进行研究中心布局,使自身突破地域限制,成为整合全球人才的强大平台。

为了扩大人才生态的范畴,腾讯、阿里巴巴、新浪、百度等纷纷支持或帮助离职者形成"校友"组织,如"南极圈""前橙会""老浪人""百老汇"等。互联网的开放性和包容性在这些科技公司对待离职者的态度中体现得淋漓尽致,它们使离职者成为企业的"终生员工"。对这些"终生员工"来说,离职组织成为他们集思广益、交流经验、创新协作的重要平台。

越来越多的企业意识到,只有以深度开放化的视角重新识别对人才的需求和广泛集结内外部各路精英,才能推进组织能力的不断迭代升级,更好地为用户创造价值。

②多节点、多方式的人才连接。在传统组织形式中,人力资源部门主要负责人才引进,而在平台型组织中,全员都作为人才连接点,在人才生态中发挥作用,每个节点对应

不同的专业领域,挖掘相应的人才资源。这就相当于将内部人才池延伸到外部,形成源源不断为组织输入新鲜血液的通路。领英(LinkedIn)联合创始人雷德·霍夫曼在《联盟》一书中告诫企业家:"雇主需要鼓励员工建立并维持专业的、与外部相通的网络,通过给予员工建立网络的资源,展现出对他们的信任,使其愿意付出自己的关系资源,投资于公司。"在全员节点下实现组织需求与人才需求的高效连接,企业可以挑选认为合适的人才参与项目,人才可以根据自身兴趣和能力选择合适的项目,使人与组织实时动态交互,确保组织与人才的快速适配。

企业可以通过"快闪""按单聚散"等模式,使人才"来之即战、战后即散",满足快速变化的业务所需;还可以通过战略合作或收购的方式拓展人力资本,"嫁接"和"共享"人才,从而迅速获得企业所需的新能力。如 Facebook、谷歌为寻求优秀人才,通常会对创业公司进行巨额收购;华为任正非提出对科学家和管理者"开放众筹";此外,也有像美国的Upwork、Freelancer、Crew、Toptal 等成功运作的人才共享平台和国内的"自客""大鲲"等尚在尝试中的人才共享平台,它们都将成为企业一种新的用人方式。

③智能化人才管理。人才的聚集与流动、能力吸纳与转化等都是人才生态网络的基本功能,在这些过程中,信息化的有效运用直接影响人才生态功能的发挥。

企业通过员工提供外部人才的基本信息,形成外部人才数据库。相关部门通过多渠道收集、跟踪人才动态,全面考查人才,定期优化和更新人才数据库。企业将内外部人才信息与变化的内部需求进行适时的智能化匹配,从而精准地识别人才和有针对性地组建团队。如谷歌基于数据以实施个性化的人力资源管理举措,开发预测离职可能性、搜寻和精准识别人才、自动完成人岗匹配等工具;海尔的人力资源 E-HR 信息化平台,运用大数据对小微企业和创客给予人力资源方面的全方位支持等。

4)平台企业激发生态互补者创新

(1)消费互联网时代

从提供信息咨询的综合门户网站到平台生态,消费型互联网平台不断向电子商务、社交与娱乐、游戏等领域进行拓展,在这个过程中,平台企业为激发互补者创新,采用了开放吸引、自营打样和数据赋能三大策略,每个策略都有其适用的场景,见表1.1。

表1.1　消费互联网时代激发互补者创新的策略框架

策略	开放吸引	自营打样	数据赋能
策略定义	利用价格策略与非价格策略降低进入门槛,激发互补者创新	平台可以选择进入互补品市场,通过鲶鱼效应、示范效应等激发互补者创新	通过平台的数据体系和算法能力,提高供需匹配度,促进互补者创新
实践案例	淘宝的免费模式,引入大量卖家; B站打造多元文化社区	谷歌进入特定品类的应用市场; 阿里巴巴发展天猫自营	阿里巴巴零售通赋能零售小店; "得到"平台赋能知识生产者

续表

策略	开放吸引	自营打样	数据赋能
适用情景	平台早期面临快速扩张的压力； 平台包络新业务,开展多元化扩张	平台互补品供给严重不足； 互补品市场表现不佳,互补者创新犹豫不决	平台拥有足够的数据基础和技术能力储备； 互补者具备数字化思维和能力

①开放吸引策略。平台的组织结构形态可以被描述为"多主体参与"和"开放共享"两种。互补者数量还会随着平台开放性的增加而稳步上涨,同时,平台会提高产品形态和交易活动的创新性及多样性,使整个平台的生态价值得到大幅提升。

具有强交易属性的平台,通过提升用户的跨边网络效应,吸引更多互补者,形成一个良性循环。在淘宝与 eBay 的"战争"中,淘宝采用免费入驻的策略,吸引大量卖家在短时间内入驻,提升用户体验,扩大零售市场份额,而 eBay 一直对卖家采取收费模式。因此,在这场"战争"中,淘宝轻松战胜 eBay。

针对强创新属性的平台,可以从两个方面来吸引互补者。第一,采取接口和规则的设计,促进多边用户间的价值共创。例如,采用开源协议将接口提供给开发者免费使用。第二,可以逐步降低平台准入技术门槛,建立内部创新激励机制。B 站为了吸引到更多有原创想法的内容创作者,推出了创作学院,为其用户群体提供多种类知识的在线学习课程。

通过开放吸引的策略使平台的开放程度大大增加,当超过一定程度后会出现协调成本上升及同质化竞争严重等一系列问题。在游戏市场的发展过程中,由于平台运营商的开放策略,在很长时间内都面临产品质量管控的问题,无法保证用户的游戏体验。在这种情况下,任天堂公司决定牺牲产品多样性转而提高游戏品质,解决平台的过度开放问题,也从此奠定了任天堂在游戏行业中的重要地位。

②自营打样策略。平台采用自营打样策略增加供给,以解决供给不足的问题。平台作为基础区块,并不是直接产品提供者,因此平台企业希望通过自营打样策略激发互补者进入和产品创新行为。王节祥(2021)在一篇文章中指出,谷歌在 2015 年推出的 Google photos 进入摄影类应用市场,与其他尚未完全进入的娱乐类应用产品相比,摄影类应用产品中出现重大创新和颠覆性技术的可能性增加了 9.6%。

平台企业的自营打样具有正向的溢出效应,降低研发成本,使平台互补者明确产品创新方向。当平台企业开始进入这个新市场环境后,该领域的平台互补者可以根据整个行业面临的发展瓶颈问题,制订科学有效务实的技术创新解决方案,使平台互补者的自主创新效率大幅提高。

在平台实施自营策略的同时,需注意由平台企业进入产生的负面效应。由于大型企业与小型企业在资源与实力上有明显差异,因此,在面对竞争压力时,大型互补者可以凭借自身创新能力争夺市场份额,而小型互补者在竞争中处于劣势,因此可能导致部分用户流失,甚至出现平台用户大量转移到其他大平台企业的情况。

因此,对于上述可能产生的负面影响,平台企业需要加强与互补者的沟通,可以采取降低互补者准入门槛等多种方式,缓解对互补者产生的负面影响。除此之外,平台企业可以采用低调运营策略,例如进行小规模营销推广、产品逐步更新上线、差异化营销定位等。

③数据赋能策略。数据已经成为除土地、劳动、资本和技术之外的第五种生产要素,是平台企业核心战略的关键资产之一。王节祥(2021)认为,数据赋能是平台企业凭借自身所处地位,将数据资源赋能给互补者,其中包含市场需求及用户信息,互补者从中获得价值链增值服务,例如用户画像和趋势预测,以此促进自身的迭代升级。

互补者在与第三方平台企业展开合作后,会对数据资源进行有效提取处理与深度挖掘,划分出用户角色及使用场景,实时掌握潜在客户当前的业务需求动态,基于大数据分析开发相应的产品系统及服务,实施精准营销,实现对互补者的数据赋能。例如,通过对天猫上发布的流行趋势预测,赋能已经入驻天猫平台的优质商家进行新产品开发。

数据赋能在知识付费平台中也有运用。例如,"得到"App利用用户数据对用户的行为导向进行分析,然后针对不同用户群体的需求制订学习内容板块,使App为用户推送的内容更具有针对性,通过数据赋能促进了用户与知识内容之间的相互匹配,提高了用户满意度。

(2)产业互联网时代

由于用户流量红利作用逐渐减弱,消费互联网平台经济的爆发式增长正逐渐放缓,数字技术逐渐成为发展的新焦点,互联网平台需要利用数字技术及其在各个产业端平台的应用,推动新一轮经济增长。在全球产业高度数字化的大背景下,若继续坚持运用市场单边主导思维,采用中心化治理模式,平台企业要推动自身产业实现数字化发展,难度将大大提高。消费互联网平台实现向产业互联网平台的拓展经历了以下3个阶段。

①数字化改造。数字化改造是互补者与平台企业一起寻找降低成本、增加成效的过程,也是互补者面临的最重要的环节之一。数字化改造是对企业业务进行系统、彻底的重新定义,是对组织活动、流程、生产方式、业务模式等方面的升级与重组。

②嵌套式升级。产品的嵌套式升级是实现生态价值增长的关键,需要为用户提供与以往不同的服务,实现平台功能边界的拓宽,这需要互补者与平台的共同努力。嵌套式升级是指平台企业为互补者提供技术支持,使互补者升级成为子平台,丰富服务场景、升级运营模式、实现业务增长的过程。通过嵌套式升级,平台企业可拓展业务领域,吸引更多外部用户的加入,互补者可实现在所属行业内的深度发展,形成网络正反馈效应。

③多平台协作。企业与用户通过多平台协作,获取海量信息,产生强大的网络协同效应。互补者本身具有自主能力,成长为子平台后,通过与更大的平台生态的合作,实现产业架构重组,促进服务需求与场景的升级,完成新一轮的经济增长。

智能移动办公平台"钉钉",希望找到其他企业合作伙伴,共同开发行业流程管理工具。工业设计领域龙头企业——洛可可在尝试企业的数字化转型时,受到技术能力及管理思维等方面的限制,一直无法成功完成转型。2018年,洛可可团队接触到钉钉,与其成为战略合作伙伴后,从数字化改造到嵌套式升级,再到多平台合作,钉钉通过以上3个阶段帮助洛可可成功实现了企业转型。以下详细介绍了钉钉帮助洛可可实现企业转型的整个过程。

在合作的第一阶段中,钉钉针对洛可可内部沟通问题提出解决方案。洛可可全员上线钉钉,借助钉钉平台的即时通信和沟通群组功能,将标准服务作业流程重构,客户、设计师与项目管理者三方成员共同参与,实现各方人员之间沟通的即时化和在线化。通过开发行业数字化管理工作台,钉钉成功进入新的行业领域,实现了平台产品的迭代。经过第一阶段,洛可可与钉钉成为行业共创伙伴,但是其为钉钉平台创造的价值有限,因此需要开启进一步共创。钉钉与洛可可共创过程见图1.2。

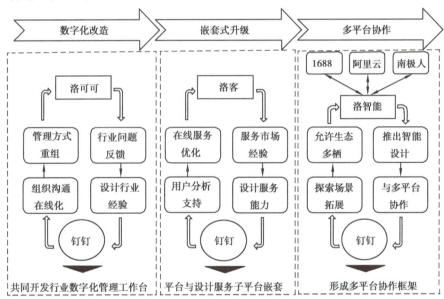

图1.2　钉钉与洛可可共创过程

资料来源:王节祥、刘永贵、陈威如(2021)。

在合作的第二阶段中,钉钉为洛客(洛可可孵化出的平台业务)提供平台用户画像、需求分析与技术支持。钉钉通过分析运营数据,为洛客业务发展方向做出规划,借助数字化技术实现产品和服务的优化。钉钉通过数字化技术帮助洛客实现产品服务的优化升级,使洛客嵌入钉钉平台生态,升级为服务市场子平台。大量钉钉客户的设计需求与洛客的设计师资源相互匹配,拓宽了钉钉的业务边界。通过这一阶段,钉钉与洛客的合作模式从钉钉对洛客的单向赋能转化为双向互补,形成高度依赖的关系。

在合作的第三阶段中,通过钉钉提供的技术支持及洛客积累的用户数据,创建"洛智能"板块,共同探索服务教育场景。洛智能开始与多个平台开展业务合作,如阿里云、1688、南极人等,其平台生态圈进一步扩大,形成多平台协作的结构。随着合作规模的扩大,用户数据不断增长,需求场景更加丰富,洛智能的机器智能设计业务也在这个过程中发展起来。洛智能通过跨平台协作积累了更丰富的行业知识,实现了技术能力的增长,而钉钉平台也从这些增长中受益。至此,钉钉平台与洛可可实现了价值共创,洛可可完成了企业的数字化转型,钉钉实现了向产业互联网平台的拓展。

（3）新情景下的平台演进

消费互联网与产业互联网之间的差异,致使平台需要采用不同策略激发互补者的创新行为,见表1.2。在平台向产业互联网转化的过程中,面临"去中心化治理"的挑战,需要管理者转变管理理念,改变以往的中心化管理模式。在消费互联网时代,高度不对称的权利结构使得平台企业占据单边主导地位,由于实力差距,互补者只能适应平台型企业建立的生态系统。

表1.2　策略比较

情景策略	消费互联网情景	产业互联网情景
策略1/阶段1	**开放吸引** 呼唤、吸引多元的互补者加入,激发网络效应,达到平台"引爆点"	**数字化改造** 进行深度的技术、数据融合,平台与互补者间由"黑箱"向"可视"转变
策略2/阶段2	**自营打样** 进入互补者建设不足或用户需求增长旺盛的领域,鼓励互补者加大投入	**嵌套式升级** 平台企业赋能互补者升维,互补者帮助平台企业拓展生态版图
策略3/阶段3	**数据赋能** 利用平台企业的数据体系与技术基础,提升供需双边用户的交易和创新效率	**多平台协作** 互补者桥连不同的平台生态,通过跨平台学习,促进大生态的能力和价值更新
差异本质	**中心化管理** 平台企业主导激发互补者创新,互补者被动适应平台战略更新	**去中心化治理** 平台企业与互补者协同推进生态构建和更新,平台与互补者的角色边界模糊化

在产业互联网时代,平台企业需要与互补者合作推进数字化改造。由于平台企业无法独立完成垂直化的解决方案,因此需要借助互补者,使其成为子平台,在底层平台中开发共性技术和能力,在表层平台中满足用户的个性化需求。这种平台间的协作使平台生态持续更新,在这个过程中,平台与互补者会进行身份的转换,在不同的需求场景中扮演不同的角色。

因此,在产业互联网时代,平台企业的去中心化治理是必然趋势,企业尽早完成这一转变将在未来的竞争中占据主动优势。许多新创平台都正在顺应这一趋势,例如华为鸿蒙操作系统。去中心化治理使互补者与平台企业协同推进生态构建,能够更好地激发互补者创新,而这种治理方式也对管理提出了新的挑战,未来平台企业需要进一步解决由此带来的管理效率问题。

1.2 平台型组织的定义

刘绍荣等人在所著的《平台型组织》一书中,将平台型组织定义为:企业为了应对高度复杂的市场需求、不稳定的竞争和知识型员工日益增长的自主管理需要,充分利用高度透明的数据化治理技术,将专业资源集聚的规模优势和敏捷应变的灵活优势进行集成的开放型组织模式。

1.2.1 平台

"平台"一词出现在商业世界与互联网世界后,它的定义也在随着社会的不断发展而发生变化,如今平台一词已经广泛运用于商业活动中(Evans, et al. , 2008)。

关于平台的定义,最早可以追溯到经济学领域,首先是由经济学家让·夏尔·罗歇特和让·梯若尔提出的,他们认为双边(或多边)的市场应该是一个或几个允许最终用户交易的平台。

我国古代所说的"集市"可以看作双边市场的原型。经济学者徐晋将平台定义为"市场的具化",从市场发展阶段来看,平台是中国传统市场隐性交易转向市场明显化发展的自然结果,平台在市场交易中充当了匹配者、连接者和市场设计者的角色。

《平台革命》一书中,对平台的定义是:平台是一种基于外部供应商和顾客之间的价值创造互动的商业模式,促进生产者与消费者价值互动的结构。在平台中,消费者与生产者可以进行信息交流以及商品服务的交换,通常平台本身不介入生产过程,只是为双方的交易提供一个可以进行互动的双边市场。

1.2.2 平台组织

Cennamo 和 Santalo(2013)认为:平台组织是在互联网环境下,可以通过不断激发网络效应而灵活地安排和变换组织形式的一种组织类型,能够更加方便快捷地聚散资源,通过满足多方需求而实现获利。

刘绍荣等人(2019)将平台组织定义为:企业为了应对高度复杂的市场需求、不稳定的竞争和知识型员工日益增长的自主管理需要,充分利用高度透明的数据化治理技术,将大公司专业资源集聚的规模优势和小公司敏捷应变的灵活优势进行集成的开放型组织模式。

1.2.3 平台型企业

穆胜(2017)将平台型企业定义为:企业将自己变成提供资源的平台,并通过开放的共享机制,赋予员工相当的财务权、人事权和决策权,使其能够通过灵活的项目形式组织各类资源,形成产品、服务、解决方案,满足用户的各类个性化需求。

陈武和李艳萍(2018)对平台型企业的定义是：平台型企业是指连接了两个或多个特定群体，通过一系列机制不断激发网络效应，在满足各群体需求的前提下，巧妙地从中获利的组织。

胡国栋和王琪(2017)对平台型企业的定义是：在互联网时代背景下，通过信息通信手段及全球化网络平台，实现组织流程再造，形成以员工自管理、自驱动、自创新，以消费者为中心进行生产和服务，在较短时间内，通过低成本整合技术资源的新型企业组织模式，其具有开放、柔性与并联等特征。

1.2.4　平台型组织形成的三重力量

刘绍荣等人在所著的《平台型组织》中提出：客户需求的变革、技术的升级和知识型员工的自我管理需求觉醒是推动平台型组织形成的三重力量。

不断变化的客户需求使企业需要构建相对稳定的"中间层专业平台"，赋能于客户端，使企业充分了解客户需求并及时响应，提高对客户需求的响应速度和满意度。

由于市场竞争的复杂化程度不断加剧，企业一方面需要依靠强大的开放性专业平台形成稳固的根基，另一方面要敏锐地把控市场的机遇，不断升级自己的技术以满足市场的不断变化，以此在竞争中赢得优势。

知识经济时代的到来，使得传统的以命令和阶层为主要特征的科层式组织受到严重阻碍，企业需要调整组织结构及管理理念，需要激发员工自身的动力，提高对员工自我管理需求的重视，使员工内在成就感需求得到满足，以促进员工创新积极性。

1.2.5　平台型组织形成的前提技术条件

平台型组织是建立在无缝信息技术连接和大数据集成形成的透明化治理平台上的，是数字技术推动的产物。由于企业内外部行为的大数据化，管理人员可以利用互联网及智能化工具对所收集的行为数据进行即时分析，使企业既不需要依赖层级化的管理模式，也不需要与外部的交易方实施静态议价的保守战术。同时由于大数据的透明化管控，企业可以进一步激活一线业务团队，对客户的信息进行及时反馈，提高反应时效，提升客户满意度。受无缝信息技术的支持，企业与合作伙伴可以建立更亲密的深度合作关系，从而提升开放平台的整体竞争力，因此成为数字时代企业发展的必然选择。

1.3　平台型组织的分类

1.3.1　平台的多种分类方式

平台有很多种分类方式，其中，最主要的平台研究者 Evans(2003)根据平台的特殊功能，将多边市场中的投资平台分为如下三类：观众制造者(audience-maker)、市场制造者

(market-maker)和投资需求的协调者(demand-coordinator)。

徐晋在其《平台经济学》一书中,依据平台所连接的双边市场的性质,将平台大致分为如下三类:纵向平台、横向平台和观众平台。纵向平台在交易市场中发挥中介者的重要作用;横向平台为交易构建信息交流的空间;观众平台在商品生产者和与目标消费者之间适当引入广告商等许多其他角色。

从平台运作原理和产品模式角度出发,可以将互联网平台分为普通连接型平台和产销合一型平台。连接型平台将生产者与消费者联系起来,产销合一型平台也称为众创型平台,在此平台中,实现生产者与消费者的角色融合,促使用户在两种角色之间快速切换。

回顾产业平台型企业的发展历史,Gawer(2014)提出将整个企业平台体系分成如下3种类型:内部平台、供应链平台和产业平台。在平台研究早期,特别突出技术在平台中的作用,许多学者把用于产品制造的基础架构也称为平台,局限于企业内部,和外部的界限比较清晰。

Thomas 和 Gann(2014)从组织平台的发展进行平台分类,提出了4类平台:产品组织平台、产品族平台、市场中介平台、平台生态。其中,产品组织平台和产品族平台更加关注产品本身的研发和成本,偏向组织内部的研发和生产制造,相对比较封闭,而市场中介平台和平台生态更加开放和多元化。

从产品的研发、生产和销售来看,最终的平台型企业都会发展成平台生态企业。平台生态企业和平台型企业的差别是平台型企业的外部性进一步加强,形成平台本身的生态化和与其他平台的连接,进一步趋向合作式竞争,满足市场多元化、个性化的需求。

1.3.2　国内外代表性平台企业分类

Evans(2003)根据平台的功能将多边市场中的平台分为3类,结合 Evans 和 Schmalensee(2008)对苹果、微软、谷歌等对专利技术的开放性和封闭性分类,再加上其忽视的产业互联网类(Gawer,2007),对国内外代表性平台企业分为以下几类。

①观众制造者,包括传媒类(如今日头条、抖音等)、社交类(如微信、腾讯 QQ 等)、工具提供类(如谷歌、百度等)等。

②市场制造者,如商贸类(亚马逊、阿里巴巴、京东等)、医疗类(好大夫、春雨医生等)、教育类(猿辅导、作业帮等),还有物流类、金融类。

③需求协调者,如出行类(滴滴等)、用人型(猪八戒、58 同城、领英等)等。

④技术平台搭建,如苹果、微软、谷歌安卓系统、亚马逊的 AWS 云、阿里云等。

⑤产业互联网,包括制造业的海尔、欧派、小米及韩都衣舍等。

1.4 平台型组织的特征

1.4.1 特征

平台型组织作为一种数字化生产力推动形成的新型生产关系,具有一系列明显不同于传统科层式组织的特征。

1)扁平化

相对于传统科层组织的多层级分工,平台型组织是在信息技术支持下的高度扁平化的网络链接组织。它作为创业单元的各个客户经营模块被充分授权,并在平台的赋能下灵活开展经营活动。

随着数智化技术的引入,部门与层级间的信息屏障被打破,实现信息的自由传递与共享,形成动态完整的信息流。信息技术的纵向与横向流动形成了网络式的结构,导致了组织的扁平化。在信息化使得管理幅度加大的同时,传统的自下而上、自上而下的汇报和指令下达以及不同部间的协同和沟通也相应减少,使得信息传递更加快速。

2)专业化

专业化是平台型组织的基本特质。平台型组织是为响应后工业化时代服务化和知识化的需求而诞生的新型组织。平台职能的高度专业化和前端小组的多专业联合是其竞争力最根本的来源,也为满足日益专业化和严苛化的客户需求提供重要保障。

3)数字化

数字化在消费互联网方面日益成熟,不论是在达成交易还是物流体系中(例如自建物流体系的京东、阿里巴巴的菜鸟)及安全的支付体系(支付宝、微信)和后期的客服体系,都有了系统的解决方案。各个环节的业务都能在网络上被实时动态检测,并最终形成业务闭环。业务的数字化提升了商家对消费服务问题的反应和处理速度,显著改善消费体验。

4)智能化

平台型组织是构建在信息技术和大数据基础上的现代组织模式,大数据集成化、即时化和智能化是其运行的基本保障,同时,资源和能力的集成使平台具备快速响应的特征。智能化则将上一阶段形成的数据经过分析归纳和整理,为企业的判断决策提供依据。

在消费互联网领域,商家可以随时记录消费者真实的消费痕迹,针对消费者进行大数据分析并做精准化营销,提升消费者黏性。欧派家居公司每天的订单量很大,需要将现场家庭装修的设计图纸分解,然后进行生产排产,每天计划生产排产的材料大约是92万片。这些庞大的工作量过去都是由人力劳动来完成的,现在通过智能化工具,既精准又有效率。欧派家居公司通过智能化技术,连通了"信息孤岛",将生产流程可视化,通过即时信息,每个人对各个部门的工作状况和进展一目了然。

5)开放化

在企业发展的早期,为降低交易成本,提高效率,组织的边界较清晰。理论上,市场可以提供产品制造和服务的各类资源,因此对企业而言,通过对现有资源的整合就可以开展运作。

然而,在信息化和数智化前,信息的不对称和连接的难度使得交易成本居高不下,让这种思想很难实现。为此,企业不得不将存在于市场的资源进行内部化整合,以降低交易风险和成本。

随着互联网、数智化技术的不断发展,许多原来的障碍被逐步消除,例如,通过互联网可以实现信息的快速连接和传播,并且保证信息对称的手段和方式都在迅速改进,特别是区块链技术的实施和普及,信用体系建设更加完备,支付和交易的数字化,也使得企业的服务手段更加优化。

开放的资源和能力使平台型组织拥有整合一切资源能力并为己所用的可能。同时,不断有外部业务连接到客户的解决方案中,开放的业务组合和集群边界开放使得组织的业务集群处在动态更新中。

1.4.2　平台型组织与科层组织

与科层式组织相比,平台型组织表现出不同的特点(尹晓娟,2020)。

1)从"命令-控制"到"协同-信任"

科层式组织具有较强的集中性,强调组织中的等级权威,因此其底层逻辑为"命令-控制"。在这种平台型商业组织形态中,企业从产品服务的提供者逐渐向价值创造服务者进行角色转换,形成了新的组织逻辑。在平台型组织设计中,给予组织活动中的成员个体充分信任,充分调动组织成员之间的协同创新能力,更好地满足每个用户的个性化需求。在这种新组织模式驱动下,传统的雇用关系逐步向一个新型的合作关系转变,对组织中的个体从控制转向信任。

2)从"减小不确定性"到"不确定性的吸收"

在科层式组织的金字塔结构下,组织成员有充足的时间构建相关知识,并利用这些知识减少不确定性。在平台型组织中,平台与各决策团体相连,在这些团体中可以实现人员、项目的自由组合,更好地实现资源整合与自主创新,这种组织结构可以更加灵活地应对市场的多样性和不确定性。

3)"类"市场关系和网络效应的形成

平台型组织内部的"类"市场关系主要体现在以下3点:第一,各主体形成自组织单元,实现自我有效管理和自我持续经营;第二,平台型组织中形成大量"小前端";第三,组织成员间根据双方自愿的原则,组成一些小团队,具有较高的开放性。

传统科层式组织与平台型组织在结构特征、思维导向、组织关系等方面都存在显著差异,具体见表1.3。

表1.3 平台型组织与传统组织的对比

组织形式	传统组织模式	平台型组织模式
结构特征	垂直科层式、结构稳定	扁平化、柔性化
思维导向	内部资源与能力导向	外部客户导向
管控模式	严格的行为管控	相对宽松的使命管控
责权利分配	集权集利	赋权赋能、共享利益
开放程度	封闭性、本位主义	高度开放
员工与组织的关系	雇用关系	合作关系
企业文化特征	忠诚、保守	开放、创新

1.4.3 网络效应

"平台吞噬管道"是组织形式的一次颠覆,这一改变就发生在我们身边。爱彼迎作为一家服务型网站,其订单量已超过全球最大连锁店,为用户提供多样的住宿信息。Upwork从人才市场网站发展为云端基础平台,各地的自由职业者可以借助这一平台建立联系,不需要实体办公地点,也不会产生相关费用。亚马逊以传统图书出版业为起点,不断拓展业务范围,现已成为全球商品品种最多的网上零售商和全球第二大互联网企业。

在平台型组织中,互联网不仅承担了销售管道的任务,还提供了基础设施并建立协调机制,许多平台正是利用这一特点创造了与以往不同的商业模式。在实体事物与数字化事物迅速交融的现状下,互联网在其中具有重要的协调作用。它通过网络将实体事物与数字化事物连接起来,例如小米推出的智能家居系统,用户可以通过手机应用软件,远程操纵家用电器。

随着平台公司利用外界行业生态以新的方式创造价值,组织机构之间的界限正在被重新界定。在数字化颠覆阶段,平台型组织相比传统管道型组织具有以下两个重要的经济优势。

第一是边际经济效益。爱彼迎扩张业务时,其边际成本几乎为零,它只需要在电脑表格中进行操作就可以完成,而传统的连锁酒店在扩张业务时,需要花费时间、金钱、人力、物力去建造酒店房屋并培训员工。两者相比,爱彼迎在边际成本上具有显著优势。

第二个重要的优势是网络效应。网络效应提升了平台迅速扩大规模的能力。当网络效应发挥积极作用时,提高产能就可以提升消费水平。例如,当更多的求职者加入Upwork时,Upwork对有招聘员工需求的公司来说,吸引力会增加,当更多的公司通过Upwork进行员工招聘时,也会促使更多求职者加入Upwork,以此带来平台规模的扩大。同样,Etsy中入驻的商家越多,对顾客的吸引力越大,当平台用户增多后,会吸引更多商家进入平台,形成一个良性循环,以此推动平台不断向前发展。

利用网络效应,平台建立起电子行业生态系统,可以满足上万名参与者远程互动,在传统管道基础上实现了系统规模的大幅扩张,相比于以传统组织模式运行的公司,这种生态系统提供了获取更多资源的途径。在此生态系统中可以创造出比在传统组织模式中更大的价值。在强大的网络效应影响下,仍然以内部资源为竞争基础的公司将面临越来越多的困难,如果不能及时调整与转型,与各大平台竞争的难度会越来越大。

1)概念

网络效应是指平台用户数量对用户所能创造价值的影响。网络效应会产生积极影响和消极影响。积极的网络效应体现在管理完善的平台社区为每一个平台用户创造重要价值的能力。消极的网络效应体现在管理不善的平台数量的增加会减小为每一个客户创造重要价值的可能性。

2)扩大网络效应

网络规模决定网络效应的程度。规模扩张越容易实现则平台的有效性越高,这种有效性程度在网络效应衍生价值中体现出来。

谷歌通过网页制作者为网页搜索者提供服务。为了吸引更多浏览者,制作者从用户角度进行思考,从更重要的网页中获取更多链接,需要更高优先级的搜索结果,因此,谷歌的算法有效匹配双边网络。谷歌在处理网页的规模上高于员工,而且使用网页链接作为关键排序工具,实现了工作重点由内部到外部的转移。这个案例表明,允许无缝进入(frictionless entry),使用户能够快速进入一个平台,并在平台中创造价值,实现网络的有机增长,且增长的范围和程度没有限制。

扩展网络需要双边市场同时成比例增长,促进网络效应有3种方式:可扩展性的商业模式、无缝进入及用户角色转换,它们可以同时促进网络效应。以某打车平台为例,1位司机在1小时内可以为3位乘客服务,如果司机数量远超过乘客数量,那么会出现大量司机等待的情况,因为没有足够的用车需求使每一位司机都有订单;同样的,如果乘客数量远超过司机,那么就会出现大量乘客滞留的情况,因为没有足够的司机为他们服务,所以需要司机与乘客同步增长,只有一方数量的增长是没有意义的。在某些情况下,平台用户间的角色转换可以促进平台的有效增长,当平台一方用户加入另一方时会促进这种效应。例如,平台中产品和服务的提供者与消费者之间会出现互相转换的情况。在某些平台上,用户可以自由转换身份,例如,在滴滴软件中,用户可以是滴滴司机,也可以是有打车需求的人,也可以同时具备这两种身份,在不同的需求场景下转换不同的用户身份。

3)消极的网络效应

平台用户的增加一定程度上提升了消费者与商家匹配的可能性,但双方的选择增多,也增加了双方达到最满意结果的难度,这种情况下产生了消极的网络效应。需要对信息进行有效策展(curation),平衡因无缝进入导致数据量急剧增加的情况,才能走出消极的网络效应带来的困境。

在信息策展过程中涉及筛选并限制用户参与的活动,以及控制用户之间建立联系的过程。当平台对信息进行有效策展后,会提高用户匹配到有价值伙伴的可能性,有利于用户快速找到最适合的合作伙伴。当缺少有效策展,或者没有对用户行为进行严格控制时,用户找到最有价值的匹配者就会非常困难。

随着网络参与者数量的增加,需要处理的信息量也在增加。在统计学中,数据量的增加可以促进推论准确度和价值的提高。因此,网络规模越大,策展效果越好,这就是由数据驱动的网络效应(data-driven network effects)。策展工具的质量与效果会直接影响平台的实用性,如果策展工具良好,并且不断进行修正,会提高策展效果;如果策展工具效果不佳,反而会加大数据处理的难度,导致平台的实用性降低,不利于平台的发展。

4)4 种类型的网络效应

网络效应包括以下 4 种:积极的单边效应、消极的单边效应、积极的交叉效应和消极的交叉效应。单边效应(same-side effects)是指由平台中同一方用户之间的相互影响而产生的网络效应,即消费者对其他消费者的效应,或者供应商对其他供应商的效应。交叉效应(cross-side effects)是指平台中的一方用户对另一方用户产生的网络效应,即消费者对供应商的效应,或供应商对消费者的效应。单边效应与交叉效应同时具有积极影响和消极影响,是设计平台系统时需要考虑的重要因素。

第一,积极的单边效应(positive same-side effects)。当平台中同一方用户数量上升时,产生了积极效应。例如,当贝尔电话用户数量增加时,对使用者来说产生了积极的影响,因为,当用户周围有更多人使用贝尔电话时,对用户本身来说贝尔电话就能为用户提供更多便利。游戏平台也是如此,当越多用户加入该平台,对某一特定用户来说,他能够通过游戏平台获得的游戏乐趣就越多,这就是用户对用户产生的积极的单边效应。

第二,消极的单边效应(negative same-side effects)。当平台中一方用户数量上升时,对该方的用户产生了消极的影响。例如,信息技术平台 Covisint 与服务提供商联合开发网络工具,随着平台上的供应商数量不断增长,收入规模也不断扩大,越来越多的用户进入平台,但供应商数量的持续增长并不能持续产生积极的影响,当增长超过一定限度之后,供应商与顾客之间的匹配问题会影响平台的实用性,对供应商来说,在用户数量增加的同时提高了该供应商找到最合适用户的难度。

第三,积极的交叉效应(positive cross-side effects)。在平台其中一方用户的收益受到另一方用户数量增长的影响时,产生了交叉效应。当一方用户从另一方用户数量增长中获益时,产生了积极的交叉效应。例如,微信支付和支付宝,当越多商家使用支付宝作为付款方式时,消费者在消费过程中的便利性便会增加,这就产生了积极的交叉效应。同样,当微软系统的应用软件开发者数量增加时,用户可以在微软系统中体验更多服务,对用户而言体验感和实用性都增加了。当用户数量增加时,作为 Windows 软件的开发者也会获得更多收益,此时,平台两方用户的收益都增加了。以上事例说明,积极的交叉效应往往会产生平台用户双方共赢的结果。

第四,消极的交叉效应(negative cross-side effects)。供应商数量的增加会给顾客带来积极的影响,但在某些情况下,也可能产生不利于用户的影响。例如,音乐公司数量增加,会产生许多关于音乐版权问题的纷争,可能会导致顾客需要承担的费用增加,此时产生了消极的交叉效应。在此情况下,顾客可能会选择退出该平台。平台中的商家发布大量信息,使得消费者被动接收许多无用信息,这时供应商的数量增加对顾客产生的积极效应会转变为消极效应,从而降低客户满意度。消极的交叉效应还体现在以下情况:当滴滴平台上的司机数量远超过有出行需求的用户数量时,司机将面临空载时间过长的处境;如果平台中的乘客数量过多,但缺少与乘客数量匹配的司机数量时,乘客会面临等待时间过长的情况。

　　处于双边市场中的公司需要处理好这4种网络效应,好的平台管理可以促进积极的网络效应,强化更多积极的循环结果。

本章小结

　　数字化对传统管道模式的组织形式的颠覆可以分为两个阶段:第一阶段,高效的管道淘汰大量低效的传统管道;第二阶段,平台吞噬传统管道模式。

　　平台型组织是现代企业为了应对日趋高度复杂化的市场需求、不稳定的企业竞争局面和高层次知识型员工团队日益增长的自主管理需要,充分利用了高度灵活透明的数字化治理技术,将专业资源高效集聚的规模优势和敏捷应变的灵活优势进行集成的开放型组织模式。

　　根据平台为市场提供的不同类型的功能,将多边市场中的平台组织分为以下3类:市场制造者、观众制造者和需求协调者。

　　平台型经济组织作为一种基于数字化生产力模式推动形成的新型生产关系,具有一系列明显不同于传统科层式组织的特征:扁平化、专业化、数字化、智能化和开放化。一个平台连接的用户数量对每个用户个体所能创造的价值带来的影响形成了网络效应,双边网络中有四种网络效应,在设计和管理平台时,合理运用这四种效应尤为重要。

　　平台生态系统是平台所有者和平台互补者通过刺激间接网络效应,共同创造商业价值的网络。自组织与共生演化是生态型组织模式的两大核心特征。数字技术、移动互联带来了传统组织向平台型组织的跨越式发展,企业应该如何摆脱传统人才管理的束缚,打造新的人才发展平台,是平台型组织对传统人才发展模式应有的思考。

复习思考题

　　1.平台型组织是如何产生的?

2.平台型组织与传统型组织的区别是什么？

3.简述平台型组织的特点。

4.平台生态系统的特征是什么？

【案例研读】

腾讯的人才生态构建举措

1. 游戏人才的开放连接

2016 年在北京召开的全球游戏开发者峰会上,腾讯游戏开发者平台提出正式组建游戏产业新生态联盟。此项目由腾讯平台联合腾讯游戏服务、腾讯云游戏、腾讯游戏频道、腾讯大学游戏圈、腾讯游戏平台、曲速资本、超维星球、白鹭时代、游戏陀螺、南极圈、微软等超过 50 家知名企业、高校及媒体渠道共同发起,相关企业都涉及游戏技术领域。在未来,该战略联盟将集中优势资源,扶持发展原创独立游戏开发项目。在本次峰会上,腾讯还公布了其为游戏产业构建的一整套从人才培养到资源扶持的计划,从人才的选拔及培养训练体系,到游戏资源深度运营开发、资本项目运作、运营模式推广、商务模式开发等方面,形成完整的"培养+扶持"生态体系建设计划。

该项计划是继 2015 年"腾讯游戏开发者平台"上线运营以来,腾讯公司在独立游戏领域做出的关键性布局。

在这项建设计划中包含针对中小型游戏开发团队制订的专项扶持计划,即"独立游戏开发者扶持计划"。在 2020 年腾讯游戏学院举办的第四届腾讯游戏开发者大会上,公布了最新的产学研成果及行业扶持计划。腾讯游戏学院搭建游戏产学研体系:携手清华大学经济管理学院成立互动科技产业研究中心;与浙江大学建立游戏智能图形创新技术联合实验室;与清华大学深圳国际研究生院合作共建的国内首个互动媒体设计与技术专业(培养游戏制作人方向)硕士项目正式开学。在行业共建与开发者扶持方面,腾讯游戏学院称,将聚焦于独立游戏,通过腾讯独立游戏孵化器,帮助独立游戏团队解决各种难题、提升产品品质和成功率,从而促进游戏行业多元生态发展。

2. 离职人的"南极圈"

"南极圈"是由腾讯公司离职员工自发组织的社群圈子,也是腾讯官方唯一认可的离职员工非官方组织。同网易离职员工组成的"易友会"、百度离职员工组成的"百老汇"、新浪离职员工组成的"老浪人"等群体一样,南极圈也是一个由"前同事们"自发形成的朋友圈。作为一个行业圈子,南极圈主要以网络虚拟社群形式存在,包括 QQ 群、微信群等,也会不定期举办小范围聚会等活动。

南极圈以互联网高端人才资源和创业孵化为核心,专注互联网创业服务领域,共有三大主要业务:极创营、极空间和极招聘,包括互联网创业项目的孵化、互联网人才的招聘及培训等内容,主要服务对象为腾讯投资以及腾讯系创业公司。

在南极圈中,腾讯离职人才和腾讯仍然处于同一个生态圈中,在这里可以进行交流与沟通,还可以促进未来的合作与发展。南极圈的建立与发展更加凸显出人才资源在当今社会的重要地位。

资料来源:腾讯大学。

分析与思考:

1. 腾讯的一系列人才培养计划如何影响平台生态?
2. "南极圈"如何影响腾讯的人才生态?

第2章　平台型组织的结构

【本章学习目标】

1. 了解平台型组织的结构类型；
2. 描述"平台画布"的结构；
3. 掌握"前台、中台、后台"三台架构；
4. 掌握平台型组织的结构特征；
5. 了解平台治理相关问题；
6. 掌握平台资源共享模式。

【导入案例】

阿里巴巴：功能强化，实现"大中台+小前台"

早期阿里巴巴内部各个业务部门都有自己专属的业务、市场、产品人员，随着其规模不断壮大，基于提供的基础支持工作，业务部门内可能会有很大程度的重复，例如互相独立的两个业务部门同时开发某 App，两个部门的团队在开发的功能、技术、代码上很有可能具有相似性和重复性，致使信息无法共享，从而造成资源浪费。在开发过程中，各业务团队水平参差不齐，单位协同性不够，难以形成企业合力。

2003 年，阿里巴巴成立了淘宝事业部。2008 年，淘宝团队中的一群人被选中成立了天猫部门，后来天猫部门发展成了与淘宝不相上下的两大电商事业部。此时，淘宝的技术团队既支持淘宝的业务也支持天猫的业务，但随之也出现了以下两个问题：

①技术架构方面：技术团队优先响应淘宝业务需求，天猫业务发展受限。

②业务架构方面：淘宝和天猫是两套完全独立且完整的系统。

共享业务事业部在 2009 年随之产生，主要是由之前的淘宝技术团队成员组成，在组织结构上成为一个单独的与淘宝和天猫同一级别的事业部门，并且在梳理淘宝与天猫两个平台的公共业务和通用业务后，将其积淀到共享业务事业部中。

共享业务事业部需要在高压情况下同时满足淘宝和天猫的业务支持，否则在资源固定的情形下，很难及时、周到地满足业务需求，导致业务部门满意度不高，共享业务事业部有苦说不出。

2010 年，聚划算上线，大家纷纷对接聚划算平台。1688 在淘宝和天猫之后也参与进来，三家电商运营人员争相抢占聚划算平台的有利资源。新成立的聚划算团队被三家电商平台洪水般的业务对接需求淹没，难以应付。

于是，集团要求三大电商平台必须通过共享业务事业部，才可与聚划算平台进行业务对接。这奠定了阿里巴巴集团业务的核心平台,"厚平台、薄应用"的架构形态也由此形成。

目前,阿里巴巴集团有超过 25 个前端业务单元没有独立搭建在阿里云的云平台上。有一个"共享业务事业部"介于前端业务和后端阿里云技术平台之间,这个事业部吸收了阿里巴巴前端业务中的公共业务和通用业务,为各种前端业务提供相应服务中心领域内最为专业、稳定的业务服务。

现在,阿里巴巴内部每个业务部门都有了公司层面的支持,信息能共享,资源更集中,每个业务团队都能享受到高水平的技术、数据、产品等方面的服务。

阿里巴巴中台战略在 2015 年末全面启动,为了适应 DT 时代,该战略致力于打造一种更加创新、灵活的"大中台、小前台"的组织机制和业务机制,即一线业务作为前台将会更加敏捷及更快地适应日新月异的市场;中台将整合集团的运营数据能力和产品技术能力,为每个前台业务提供强有力的支持。

资料来源:公众号华夏基石 e 洞察。

2.1 平台型组织的架构

2.1.1 三层平台画布结构

1)平台画布概述

平台革命战略家桑基特·保罗·邱达利设计的平台画布完整地展示了平台的体系架构,邱达利的平台画布包括以下 3 层:

①第一层是平台最基本的结构,即参与者(participants)+价值单元(value unit)+过滤器(filter)=核心交互(core interaction)。

首先,促进核心交互是每个平台都要实现的基本目标。核心交互也就是核心互动,是平台内部的价值交换,也是平台内部最重要的活动形式,旨在迅速地将大多数用户吸引到平台上来。

参与者则是指创造、使用价值的生产者和消费者。

此外,价值单元也是一个重要概念,简单来说,价值单元就是指产品或者服务。例如一条帖子、一条微博、一个视频、一个商品、一次打车等,生产者和消费者可以生产和消费它。在任何平台中价值单元都发挥着关键作用,但是,价值单元在大多数情况下是由平台内的参与者,即生产者与消费者创造出来的,而不是平台本身。

过滤器是有着严格算法、以软件为基础的工具,相当于一个中间媒介,价值单元会经过过滤器处理后再传递给特定的消费者。过滤器会被平台用来匹配生产者和消费者的需求,来促使用户之间完成适当价值单元的交换。例如,有一种过滤器叫作搜索请求,参与者可以在平台上输入相关术语进行搜索,从而获取他们想要的、感兴趣的信息。

②第二层是工具和服务。这可以细致划分为：

a.生产者用来创造的工具和服务；

b.平台运营者进行策展（curation），也就是内容管理的工具和服务；

c.平台运营者、平台用户进行个性化的工具和服务；

d.消费者用来使用、消费价值单元的工具和服务。

③第三层则是在平台的协调下关于货币的交换，以及作为商业公司，平台特别需要关注的问题——怎样获取收益，也就是要怎样实现变现。平台画布如图2.1所示。

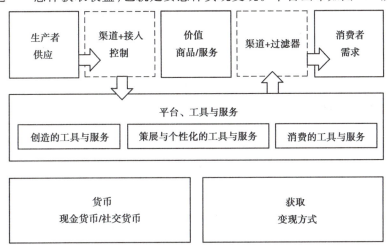

图2.1 平台画布

资料来源：邱达利（2017）。

2）促进核心交互的平台功能

为了使平台的基本目标能够实现，也就是让平台具备更多有价值的核心交互，以下三个关键功能是平台必须关注的：一是吸引（pull）；二是促进（facilitate）；三是匹配（match）。

首先，平台必须发挥吸引功能，吸引生产者、消费者到平台上来，这样他们之间才能进行核心互动。其次，平台必须发挥促进功能，即需要为生产者和消费者提供一些工具和规则，方便他们联系和交流，从而促进双方实现交互。最后，平台必须发挥匹配功能，即通过对双方信息的分析利用，有效地把生产者与消费者匹配起来，满足双方需求，实现互利互惠。

吸引、促进、匹配对平台来说都是非常重要的功能，平台需要通过有效的平台设计，创建一个系统来实现这些功能。这三个功能不是所有平台都能均衡妥善地发挥的，能够使用好其中一个功能，也能够让平台维持一定的生存时间。

（1）吸引

平台首先需要解决"先有鸡还是先有蛋"的问题，这是管道商业模式不存在的问题，因为平台和用户是相辅相成的关系。一方面，没有价值的平台不会存在用户；另一方面，没有用户使用的平台也不会具备价值。其次，吸引的第二个问题有关用户黏度，即如何让已经注册的平台用户保持黏性。

其中,有一个工具叫作反馈回路(feedback loop),能让用户多次重复使用平台。在平台上,反馈回路的形式丰富多样,包括单用户反馈回路(single-user feedback loop)和多用户反馈回路(multi-user feedback loop),这些形式都有助于平台持续不断地自我补充。

单用户反馈回路是平台的一种嵌入算法,基于对用户活动的分析,来感知用户的兴趣、偏好及需求,并推荐一些别的可能有潜在价值的价值单元。能否有效增加用户活跃度是平台需要关注的一个问题,其关键在于单用户反馈回路的设计合理与否。而且,随着用户对平台更加频繁地使用,反馈回路会更加了解用户的需求,为用户提供的推荐的准确度也会更高。

在多用户反馈回路中,参与者双方的活动信息会进行互动,即生产者的活动会被呈现给相关消费者,同时消费者的活动也会给生产者带来大量的反馈。一种良性循环在多用户反馈回路的有效运作中产生,这种良性循环可以增加双方的互动,进而加强网络效应。

(2)促进

平台的促进过程,指的是平台不直接控制价值的创造,而是通过设置某些机制来间接创造和交换价值,并在交互过程中制订一些原则来管理。

一方面,促进可以是推动,也就是能让生产者更方便地对商品与服务进行创造和服务,这时的共享就要借助具有创造性的工具来实现。

减少使用障碍是促进的另一方面,但减少使用障碍也要有利于交互的进行,并且增加参与者的数量。例如,在某些情况下,使用门槛增高也会带来一些积极的作用,通过制订严格的规则来限制生产者和组织管理价值单元,可以提高用户的信任度和去除用户不需要的内容。

(3)匹配

在匹配方面,成功的平台会充分利用参与双方、价值单元和商品服务的相关信息,精确对接用户,确保相关商品和服务的交换。信息量是实现前述目标的重要因素,平台拥有的信息越多,就可以使收集、组织、解析数据等的算法设计得更好,更具有适配性,并且过滤器也会更加精准。越精准的过滤器意味着用来交换的信息会更加有价值,相应地,生产者与消费者之间因为正确匹配获得的回报也会更高。

由此可知,平台公司需要设计出一个明确策略来获取数据。

3)如何建立核心交互之外的其他交互

①改变现有用户和使用者对价值单元的交换。

②增加新的生产性和消费性客户群体。

③允许用户在新类型的价值单元进行交换,例如从专车快车到拼车和租车。

④鼓励现有用户去吸引新类型的用户。

2.1.2 两台架构观

两台架构观是指阿里巴巴提出的"大中台+小前台"的架构思路,类似于美军的"特种部队(小前台)+航母舰群(大中台)"的组织结构方式,前方作战单位应尽量小,后方能支援他们的力量尽量大。阿里巴巴制定的"大中台+小前台"的组织模式,就是希望避免大公司常见的部门之间互相争夺资源的情况。

"大中台"包括业务中台和数据中台,二者共同支持前台的创新。业务中台为前台提供模块化的、可重复使用的资源和技术,即"炮火支援"。数据中台主要用于加工与分析收集的数据,并给业务中台提供反馈结果,即"雷达监测",采用数据技术对大量数据进行采集、计算以及存储和加工,再形成一个统一的标准,为前线作战的无数个"小前台"提供技术支持,进而为客户提供高效服务。

"大中台+小前台"的运营模式推动组织的管理趋于扁平化,让组织的管理变得更高效,并且提升组织的运作效率,让业务变得更敏捷、更灵活。这种模式不仅能降低重复建设,减少协作成本,还能为阿里巴巴在市场竞争中打造差异化的优势。

2.1.3 三台架构观

随着企业组织结构的扁平化与去层级化,越来越多的企业提到自己的组织结构会用到前、中、后台的术语。包括面对当前短期目标的灵活型"前台",即灵活柔性执行具体任务的前台;面对当前短期目标的稳定型"中台",即为前台提供全面赋能服务的中台;面对未来长期目标的灵活与稳定兼顾型"后台",即为前台与中台指明长期战略方向与整体战略布局的后台(李平,杨政银,2018;李平 等,2020)。

1)"三台"概述

①前台。前台也被叫作小前端,其特点是单元规模小、总体数量多。前台作为业务部门对敏捷性的要求是最高的,因为前台需要近距离地接触和服务眼前客户。前台类似于创业小组,以项目为导向,是任务可分解的最小单元,强调直接执行。

②中台。中台也被叫作大平台,其特点是单元规模大、总体数量少,具有服务的性质。中台作为战术性应用部门,对敏捷性具有适中的要求,因为中台作为一种"平台"服务要服务于平台。它要连接大量事业部,让数据的透明流动在企业各业务部门之间实现,从而给眼前客户提供统一的支撑性服务,它强调的是基于相互依赖的高度协作。

③后台。后台也被叫作富生态,其特点是单元规模和总体数量都居中,但对敏捷性要求最低。后台主要负责具有高度前瞻性的基础研究和未来市场培育,包括商业趋势分析、长期战略设计和长期市场预测等,特别是成为未来生态圈(包括与大学、研究所等外部合作者)的重要协调者,强调长期思考与布局。

三台组织架构如图2.2所示。

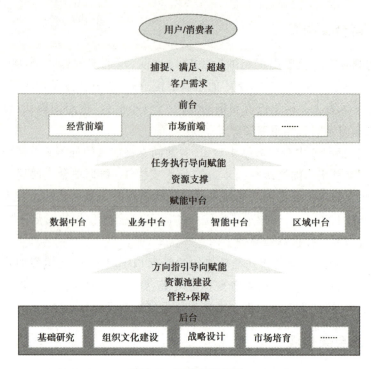

图 2.2　三台组织架构

2）三台的关系

在三台架构中，前台要求多元灵活、敏捷机动，并获得高度授权，通过自组织的形式进行运作（李平 等，2020）。同时前台拥有资源指挥权，包含创新改进的自主空间。前台的核心功能可以总结为捕捉市场上客户对创新的需求、直接试错以及实行迭代创新，而中台的核心功能则是不断整合内外部资源及对前台的试错和迭代进行沉淀，并赋能前台。

中台应包括 4 个组成部分，一是数据中台；二是业务中台，比如业务事业部；三是职能中台，比如生产、研发、人力资源、财务、法务等职能部门；四是区域中台，比如全国规模或者全球规模的区域分布。

三台架构中的后台，相当于公司总部的大脑，制订平台内部的规则，明确平台的目标，负责后方资源池建设、方向指引和导向赋能，包含基础研究、战略设计、组织文化建设和市场培育等职能，发挥着管控和保障作用。

"三台"之间既分工又协同，类似于橄榄球形，两头是前台和后台，宽阔的腹部是中台，其整体表现为生态型组织运行形态——分布式集成。一方面，三台架构可以激活和赋能个人，实现有效的分工。有效分工体现在企业为了减少风险，抓住机会，会在员工层面主动及时对多元、杂乱的信息做出反应。另一方面，三台架构还可以协调和赋能组织，实现有效的协作，从而有效平衡分工与合作。有效协作体现在组织层面上，企业会在资源配置和战略布局方面赋能于多元、冲突的个人和部门。三台结构在未来有潜力成为支撑生态型组织模式的基本骨架。

2.2 平台型组织的结构特征

2.2.1 扁平化

互联网时代,要求企业必须迅速对消费者需求的变化进行捕捉,而传统"金字塔"形的组织结构对员工的积极性有着非常大的消极影响,抑制企业应对变化的能力。对组织层级进行简化能够迅速拉近员工和组织创始人的距离,以及优化员工的心理体验(蔡宁伟,2015)。当员工认为自己与组织核心距离非常近时,就会极大地促进组织内部的沟通和决策效率。实际上,实现组织扁平化就是去层级的体现,当不断压缩管理层级并且增大管理幅度时,"金字塔"形的组织形式就在向扁平化的组织形式转化。

与传统的科层组织相比,平台型组织没有多层级分工,而是在信息技术的支持下趋于扁平化,充分授权给作为创业单元的各个用户经营模块,并依靠中台的赋能灵活进行经营。所以,平台型组织完全打破了传统科层企业的层级金字塔逻辑,转化成了一个具有高度扁平化的网络链接组织。

2.2.2 柔性化

为了适应瞬息万变的商业环境,紧跟数字技术的极速变革,满足经营业绩与扩张的需求,企业需要在分立与统合间找到最佳均衡点,因此柔性化组织结构应运而生。组织结构柔性化是为了使资源能够充分有效利用,增强组织对环境动态变化的适应能力。对于一个优秀的平台组织来说,它必须具备稳健与敏捷两个方面的特征,不仅要具有完善的结构、流程与高度稳定的平台,还需要具备迅速的行动应变能力,使组织的人才生态系统满足业务需求变化而即时流动的动态表现形式,从而能让企业更富有弹性、灵活性和竞争力。组织结构柔性化意味着科学管理的同时也要以人为中心,这样才能在保证高效率、低成本的优势下增加员工满意度和忠诚度。

2.2.3 分权化

平台不同于传统的科层组织,其参与者并不是命令或层级链中的一部分(王馨博等,2022)。从分权角度来说,科层组织以资产所有权和雇用关系为基础形成权威,通过命令和服从强制安排组织内分工,而平台中成员之间通过共享平台进行自愿性分工,不存在权利上的隶属关系。同时,平台中的组织或个人是独立的,没有正式的权威关系。两种组织结构这一特征的对比,说明管理者要想打造整个组织的创新能力,就得让权力下移,放弃一定程度科层组织的权威命令模式,建立信息透明、机会平等、自主决定的环境,让组织成为具有活力的自主单元(陈威如,徐玮伶,2014),并制定切实高效的员工创新评估方法,对员工的创新变革活动进行鼓励,使其能够赋予员工甚至客户创新权。

2.2.4　去中心化

去中心化并不意味着没有中心,而是弱中心化、多中心、自由决定中心,把直线管理型组织变成网络化组织,实现前台和后台对客户需求和市场变化的快速响应。转变员工的被管理惯性及被组织情境的首要手段就是调节组织结构,使员工成为组织中的"合伙人"或者"管理者",在组织结构和岗位设置上赋予员工"主人翁"的地位(蔡宁伟,2015)。我们需要再次强调的是,去中心化只是一种手段而不是最终目标,目的是吸引更多的合作伙伴到平台上,壮大平台组织。

2.2.5　敏捷性

平台型组织是当代基于信息技术与大数据的现代化组织模式。这种具有独特组织结构的组织在大数据集成化、即时化以及智能化的支持和保障下进行运作。而且,平台型组织拥有的先天高效的资源集成能力及业务端的高度柔性,使其具备快速响应、随需而变、灵活赋能的敏捷性特征,提升决策、执行、响应、交付的速度,减少信息传递过程中的衰减影响,最终使信息的准确性提高。

2.2.6　开放性

开放性并不是没有门槛的开放。开放是大环境导致的必然结果,但是这种开放必须有限制、有门槛。换句话说,这种开放体现为边界模糊化。平台型组织已经远超传统科层组织的边界,开放的资源和能力池使组织能够整合并使用全球资源,而开放的业务组合与集群边界也使其业务集群处于动态更新中,即不断有外部业务与客户的解决方案相连接,因此平台型组织也可以被认为是"全球开放整合型组织"。

2.3　平台型组织的治理

2.3.1　平台治理的重要性

平台型组织在不断地进行外部财富创造,而这些外部利益也必须进行合理的设计与管理。与组织内部相比,这些在组织外部网络的价值创造的增长速度更加快速。所以,相比于只顾自身的治理策略,合理地统治生态系统显得更重要,但是由于平台型组织二重性的特征,增大了它对平台生态系统的管理难度。

平台具有二重性——它不仅是一个企业,还是一个市场。多边平台往往会涉及数量更多、类型更复杂的利益相关者,而平台管理者常常很难保证所有的参与方都可以为彼此创造价值,因此各参与方很有可能会产生冲突和矛盾。由于利益冲突,各参与方难以达成一致,这就大大增加了平台管理者协调各参与方的难度。因此,当不同利益相关者之间发生冲突时,谁来制订治理规则、怎样制订治理规则,治理规则能否尽可能公正和有效地解决问题就相当重要。

以网约车平台为例,它的利益相关者不仅包括其股东和员工,也包括其平台上的顾客和司机,甚至还包括出租车等竞争对手。这些利益相关者之间的利益很多时候是彼此矛盾甚至冲突的。如果平台按照股东的诉求迅速扩张,就可能会伤害到顾客的利益,因为迅速扩张意味着可能会以牺牲服务质量,甚至以牺牲安全性为代价。

平台的每次成功跃升都是突破量变到质变的过程,并且伴随着至少一个数量级的用户和市场价值的提高,其本质属性、权力逻辑和扩张方式在构成上也和以往全然不同。在某种程度上来说,今天的超级平台已经成功地俘获了技术和互联网,从而取得了巨大成功。

2.3.2 平台治理面临的问题

市场失灵的原因主要有以下 4 种:信息不对称(information asymmetry)、外部效应(externalities)、垄断势力(monopoly power)及风险(risk)。平台治理面对的问题也是如此。

1)信息不对称

信息不对称指交易中的各方拥有的信息不同,其产生于一方比另一方了解更多的事实并以此牟利,例如假冒伪劣。

2)外部效应

外部效应指一个人(群体)的行动或决策使另外一个人(群体)受损或受益的情况,包括正外部效应(positive externality)和负外部效应(negative externality)。外部效应发生在溢出成本或盈利累积到没有参与交互的人员的时候。比如,某人为了兑换游戏中的虚拟积分,向游戏公司提供其朋友的个人联系方式,因为其朋友的隐私权受到侵犯,所以这是一个负面交互,属于负外部效应。相较而言,对于正外部效应则见仁见智,例如某电影平台通过分析其他人看电影的类型来推测你的行为数据,并根据该行为数据为你推荐你可能喜欢的影视,因为它为你提供了有利的交互,这就属于正外部效应。

3)垄断势力

垄断势力在一定程度上体现了某行业中的某个厂商对特定的大众需求的产品具有充分的供应权与话语权并借此高价谋取利益。互联网平台存在利用平台规则、数据、算法、技术实施垄断行为的风险。

4)风险

风险的本质是事物出现的不可预测的情况或会造成不好的结果或坏的发展,在平台中,风险可能会使好的交互向坏的交互转变。风险既在商业平台上具有长期性,也在其他的市场上具有长期性。为了降低风险,鼓励市场参与者进行更多的交易和互动,市场往往会设计良好的规则和系统。

2.3.3　如何进行平台治理

参照宪法学家劳伦斯·莱斯格创立的国家治理模型对平台进行广义的治理，平台治理的视角得以开拓。平台治理的控制系统包括法律、规范、体系结构、市场这 4 个主要工具。

1）法律

平台中的"法律"不是一般意义上的国家法律法规，而指的是一些明确的规则，比如平台设计师或律师制订的利益相关者行为准则或服务条款。这些法律对社会不具规范作用但可以在用户层与生态系统层之间发挥规范和调节的作用。

平台"法律"应当且通常都是透明的，但偶尔"法律"的透明化原则可能会出现例外，而这种例外常常会助长一些不良行为。法律工具规范的基本原则为要及时、开放地对良好的行为进行反馈，而用于对不良行为的约束时，法律反馈则需要缓慢和不透明。

2）规范

对平台来说，其中一个最重要的资产就是它所具备的忠实社群。平台的盈利能力与社群规模息息相关（王坤，周鲁耀，2021），平台上用户越多，社群越活跃，平台也会更有发展潜力。

社群的建立并不是偶然的。要想建立一个富有活力的社群，就必须有专业的平台管理人员对相关的准则规范进行设定，比如，对规则和文化进行制定、建立，以及对期待值进行设定，为社群源源不断地提供价值来源。规范的设计并不是凭空出现的，因为行为可以通过规范反映出来，所以这就说明能够通过行为设计准则的正确选定来构建规范。

广告与游戏开发专业的尼尔·艾亚尔认为触发、行动、奖励和投资等一系列组成的循环序列可以用来形容行为设计。触发是以平台为基础的通知，例如关于信号、网络连接、电子邮件、新闻条目、应用程序等的信息。而触发器能够激发平台成员对此采取行动做出反应。平台成员的行动会伴随相应的奖励，一般会是一些出人意料或可以变化的奖励，比如老虎机和彩票这一类可以变化的奖励机制有利于各成员养成习惯。最后，成员的时间、资金、社会资本等被要求投入平台，这些投入会增强和保证参与者做出的承诺，并加强其行为模式，这是平台管理者愿意看到的结果。

3）体系结构

平台经济范畴中的体系结构基本上是指编程代码和软件算法。平台可以通过优化体系结构来实现对平台的有效治理，比如一个设计良好的软件系统进行自我改进，在这个系统中好的行为会被鼓励并且奖励，以此来产生更多相似的好行为，又比如用借贷平台的信用评分来计算偿还的可能性。

4）市场

行为可以通过设计市场机制及多种多样的激励来管理约束，例如，可以通过货币和快乐、名誉、财富这三种人类原始的动机刺激。

实际上,与货币刺激相比,那些主观形式的、无形的价值激励在很多平台上更具有吸引力,而这种无形的价值就叫作"社会货币"。良好的治理意味着要维护相关利益者利益,平台不能只考虑自身利益,使自己风险最小化,还要兼顾生态系统中所有合作伙伴的利益,充分利用一系列市场机制来降低参与者的风险,如:风险分担和保险等,使整体价值最大程度地提升。

自我治理也是有效平台管理的关键,运行良好的平台会对自身的行为和活动进行自我治理,并且在自身管理上遵循内部透明化和扩大参与度的原则。

①平台自我治理的第一大原则是内部透明化。共同的语言或工具集是不同工作团队开展有效工作的重要机制,在缺乏共同语言或工具集的情况下,平台的管理团队与包括平台用户和开发者在内的外在人员很难一起有效开展工作。为了防止这种机制失调,平台管理者应该提供一个清晰透明的机制,这种透明度可以促进跨平台业务部门合作的一致性和有效性,帮助他人开发与使用关键资源,并且促进规模的增长。

②平台自治的第二个原则是参与度。在内部决策过程中,平台各利益相关方的参与度也至关重要,平台管理者向外部合作伙伴和利益相关者赋予的话语权应该与内部利益相关者的话语权相等,否则平台管理者的决策将难以避免倾向平台本身,最终使外部合作伙伴疏远,导致合作伙伴对平台失望而放弃平台。

2.4　平台资源共享机制

2.4.1　平台资源共享的基本概念

利益共享机制是维系组织和成员的纽带,这种维系纽带以资源共享为前提,相互吸引而非单向命令,具有较好的弹性。在动态复杂的环境下,企业可以利用平台对内外部资源和能力进行整合从而产生新的资源和能力结构。平台模糊了企业的业务边界,推动企业从传统的内部聚焦向外部聚焦转变,调动外部资源,激发社群内的活力。但实际上外部资源并没有完全取代内部资源,两者通常是互补关系。

核心企业依靠自身资源优势和市场影响力,建立共享、开放平台的实质是,核心企业依托平台,将更多的用户、企业等主体带入创新生态系统来共同推动系统创新(张贵,2018)。

在"互联网+"的背景下,创新主体之间的交流打破了部门分工、地域限制与行业壁垒,实现了数据跨部门、区域、层级、系统的交换和共享。所以在这个共享、开放的平台中,包括核心企业在内的所有企业都能以某种形式与其他创新主体共享自身拥有的资源。建立以互联网、大数据等为基础的资源共享平台,也是对平台中企业价值的"再发现"。

把生产者和消费者聚集在一起是平台的目标之一,以便他们在平台上交换信息、商品、服务及货币。为此,平台会为那些参与者提供一个基础设置,包括规则和软件工具等,使他们加入即用,从而促进交换并使他们之间互惠互利。

平台内的互动和交换包括以下内容。

(1)信息的交换

信息交换是平台组织的基本特点之一。平台的每一次互动都始于信息交换,这些信息会让参与者决定是否以及如何实施进一步交换。无论在什么情况下,都要通过平台本身才能进行信息交换。

(2)商品或服务的交换

通过平台内的信息交换,平台参与者还要考虑并决定是否在平台上交换商品或服务。商品或服务在有些情况下也要通过平台本身进行交换,比如,在 Facebook 上,用户之间可以通过平台交换文章、图片、链接及个人的更新状态。此外,商品或服务也可能在平台外进行交换,即便是在平台内发生的信息交换,比如,滴滴打车的服务需求会实现在真实的城市街道和车辆上。

(3)货币的交换

当平台参与者之间交换商品或服务时,他们一般会使用各种各样的货币形式。除了传统的货币形式,名气、关注度、影响力等以无形形式出现的价值衡量也可以在平台上发挥货币的作用。

2.4.2　平台资源共享运行模式

共享平台,是一个组织为了提高资源效率而产生的概念。这种共享体现为资源和信息的共享。资源共享可以改善个人工作成果的效益;信息共享则旨在通过提高组织的活力与有效性,从而提高人才效能。资源共享平台的诞生能解决目前办公资源闲置、资源信息不对称、找不到优质源头资源、供需人脉不连通等企业痛点,为企业家提供一个互帮互助的共享社区平台,促进企业发展,让资源获得最大价值。

1)人力资源共享

人力共享与平台组织密切相关。严格来说,这种人力共享和传统经济中的非正式用工形式,如兼职和挂靠等并不等同。它更像是一种互联网人力资源分布方式和人力资源的松散合作(杨洪峰,2018)。这是一种基于平等、互惠及自由而非雇佣关系的新型合作。这也是平台组织快速扩展和成长的前提,以及共享称之为"共享"的原因。

2)信息资源共享

信息共享的最终目标是提升人才效能。它不仅指在传统的组织内部建立有效的沟通机制,也是从基于人性的角度,倡导组织对人才更为开放和更加真诚。当前组织与人才之间信任关系的建立对组织发展有特别重要的影响,而建立信任关系的重要前提就是双方能做到真实信息的充分共享。

平台组织出现后,信息以一种标准化格式被提取出来转化为数据,单个组织内部分割、间断、延迟的小数据被跨产业和跨组织间联系、连续、实时的大数据所取代,实现资源信息云共享,从而使组织和个人能在一定范围内最大限度地利用信息资源。与社会化大生产相匹配,数据获得了空前的社会化应用。平台掌握数据和网络既可以依据需求数据,科学地规划和组织整个互联网平台的生产,从而实现社群分工的公共利益最大化,也可以按照资本逻辑,实现自身的利益最大化。

3)知识资源共享

知识可以无限重复使用,在企业创新中发挥核心作用,日益成为企业经营中最活跃、最受瞩目的资源(陈军,2010)。一方面,作为企业最具战略性的资源,知识可以通过改善作业流程,来提高组织绩效;另一方面,作为企业实现战略目标的重要核心资源,知识可以赋能企业,以阻击竞争对手,实现战略目标。

知识共享是企业快速应对变化、提高创新能力和获得竞争成功的重要条件(陈军,2010)。平台中的成员把自己独特的技能带入社群中,通过交流手段与组织中其他成员共享,就能构成一个庞大的知识共享系统。这个知识体跨越了组织边界,创建了一个良好的知识流动流程,其特点是灵活、迅速、反应敏捷,能够适应多变的市场需求。

4)供应链资源共享

关于供应链资源共享的研究主要包括物流资源、制造资源、仓储资源等的共享。供应链资源共享可以实现供应链整体的高效率运转及企业间的无缝连接,可以有效减少需求信息沿供应链向上传递过程中的放大现象,提高供应链对市场的反应速度。如何重新配置供应链上的闲置资源,以实现共享,提高资源利用率,是共享供应链企业面临的新问题(徐琪 等,2021)。

基于"互联网+众包"的创新,突破企业原有边界,强调"大众参与和个性化需求"的互联网基因,通过赋能于上下游各方,形成整体共享共赢的格局(黎继子 等,2020)。通过互联网可以在线上吸引大量潜在参与者,凸显了这一创新研发模式释放的巨大能量和商业价值,并成为从互联网延伸到供应链上游的下一个"风口"。

利用网格技术,各企业授权用户可以直接访问相关企业的计算机、软件、数据、信息、知识及数控机床等生产设备和仪器(郭梅,赵秀丽,2012)。软件、数据信息资源共享可以使企业缩短信息采集周期,形成虚拟信息系统,使企业细分更专业化,需求预测更为准确,存货水平极大降低。生产设备等硬件资源的共享使供应链中的企业充分利用整个链中的生产资源,进行异地查询和操纵,使供应链各种资源充分实现共享。

本章小结

平台型组织主要包括三层平台画布、两台架构观、三台架构观三种类型结构,平台型组织具有扁平化、柔性化、分权化、去中心化、敏捷性、开放性等结构特征。

三台架构观中,前台、中台、后台在规模、总体数量、敏捷性、服务对象几方面有所不同且均有侧重。前台强调灵活机动,中台重视持续稳定,后台着眼整体布局。"三台"既分工又协同,总体呈现分布式集成的生态型组织运行形态,未来将有潜力成为支撑生态型组织模式的基本骨架。

平台治理中主要面对的问题有信息不对称(information asymmetry)、外部效应(externalities)、垄断势力(monopoly power)和风险(risk)。平台治理会用到法律、规范、体系结构、市场这4个主要工具。除此以外,自我治理也是有效平台管理的关键。

平台目标是将生产者和消费者聚合在一起,使他们能够进行信息、商品或服务及货币的交换。

平台资源共享运行模式包括人力资源共享、信息资源共享、知识资源共享、供应链资源共享4个方面。

复习思考题

1. 平台型组织的架构方式有哪些?
2. 平台型组织具有哪些特征?
3. 简述平台型组织治理的问题与对策。
4. 平台型组织如何进行资源共享?

【案例研读】

美团的组织结构调整

2015 年 11 月,美团调整了其内部组织架构。王兴出任 CEO、张涛出任董事长,同时,还对业务结构进行了重新调整:设立平台事业群、到店餐饮事业群、到店综合事业群、外卖配送事业群、酒店旅游事业群、猫眼电影全资子公司、广告平台部等业务板块。

这是美团与大众点评合并后的一次重大组织架构变化。企业规模和业务范围的扩大使原有的模式无法适应,新的美团点评从原来单纯的 2B 模式进一步向 2B+2C 模式改变,在沿用自上而下模式的基础上,新增平台型企业常用的"事业部"制,按企业的产出将业务活动组合起来,成立专业化的生产经营管理部门,即事业部。在纵向关系上,按照"集中政策,分散经营"的原则,处理企业最高领导层与事业部之间的关系,把最大限度的管理权限下放到各事业部,但事业部内仍以职能制结构为基础。

需要特别指出的是,美团点评在事业部制中加入了自己的元素。美团点评每个事业部顶上有一个专门的负责人,这样,每一个部门相当于是一个独立的小企业,而每个事业部顶上的负责人相当于小企业的"CEO"。这样的组织架构,能够灵活自主地根据市场出现的新情况迅速做出反应,兼具高度的稳定性和良好的适应性。同时每一个事业部类似于独立的小企业也有助于培养优秀的骨干人才,为企业的未来发展储备干部。各事业部之间的比较和竞争也可以增强企业活力,促进企业的全面发展。

但与此同时,问题也随之产生。其一,扁平化的组织结构增加了组织的臃肿程度,也不可避免地在有些事业部之间出现职能重合,一定程度上增加了企业的运营成本;其二,由于事业部之间的独立性,增加了总部的管理难度,有可能出现负责人带领整个事业部跳槽的风险;其三,各事业部之间的竞争关系易导致各自为战的局面,部门间缺乏合作和沟通,难以协调多种产品的经营活动,不利于整体利益的最大化。

2018 年 10 月 30 日,美团通过内部信宣布进行新一轮组织升级,公司将在战略上聚焦"Food + Platform",并以"吃"为核心,组建用户平台及到店、到家两大事业群,在新业务侧,快驴事业部和小象事业部将继续开展业务探索,同时成立 LBS 平台。值得注意的是,美团在到店事业群中,融入了到店餐饮、到店综合、酒店住宿、境内度假、榛果、营销平台(广告平台与品牌广告)、RMS(SaaS 收银与点餐)、聚合收单等业务。

过去,美团是通过业务和场景来划分组织,比如外卖、到店、酒旅、出行等。如今则是从多层次平台来构建组织,比如用户平台、到家、到店。这种转变有利于整合不同资源,解决大公司中的"部门墙"问题。美团新架构下的到店事业群,汇聚了到店餐饮、到店综合、酒店住宿、境内度假等几大领先业务。这次的"会师"也说明,美团开始加强同一场景下的业务整合,统筹好资源形成平台的合力优势。这是美团在克服事业部制下业务分散、缺乏合作沟通的一次尝试,整合相同或相似的职能,解决部门之间的业务壁垒,形成合力优势,追求企业总体利益的最大化。

资料来源:文库网。

分析与思考：

美团在平台化过程中的结构变化及面临的新问题有哪些？

第3章　平台型组织的领导力

【本章学习目标】

1. 了解领导的含义,把握领导与管理的关系;
2. 了解平台组织领导和领导力的分类;
3. 掌握平台型领导的特征;
4. 掌握数字领导力的概念和相关模型。

【导入案例】

字节跳动是一家以建设"全球创作与交流平台"为愿景,通过今日头条与抖音等多个产品线连接起图文与视频内容创作者、内容消费者及广告商家与 MCN(Multi–Channel Network)机构等,并大量使用人工智能与大数据等数字技术来帮助用户创作内容并进行智能分发的移动互联网高科技企业。这种互联网高科技企业具有典型的数字平台特征,是数字内容产业的头部企业。

字节跳动在扶贫方面取得多项成果,如 2018 年入选国务院扶贫办首次发布的"中国企业精准扶贫优秀案例",2019 年入选国家发展和改革委发布的全国消费扶贫典型案例,并获得"北京市扶贫协作奖"中的"社会责任奖"。

2020 年 12 月发布的《字节跳动扶贫白皮书》显示,3 年内,依托各类扶贫项目,字节跳动扶贫累计帮助 256 622 名建档立卡贫困人口增收。同一时期,字节跳动的三农垂类内容与电商等多项商业化业务也迅速发展,这些业务与扶贫有着广泛的联系与互动。字节跳动在履行扶贫社会责任时,既创造出短期与长期的社会价值,也为自身带来了不同形式的商业价值,具有共享价值创造的典型特征。

资料来源:邢小强,汤新慧,王珏,等. 数字平台履责与共享价值创造:基于字节跳动扶贫的案例研究[J]. 管理世界, 2021, 37(12): 152–176.

3.1 领导概述

3.1.1 领导的含义

领导一词可以解释为领导者及其开展的领导活动。早期对领导理论进行研究的意大利政治学家马基雅维利提出，"领袖是权利的行使者，是那些能够利用技巧和手段达到自己目标的人"。

之后，追随者被美国的政治学家伯恩斯添加到领导的要素中，他认为"领导人劝导追随者为某些目标而奋斗，而这些目标体现了领袖及其追随者共同的价值观和动机、愿望和需求、抱负和理想"。

作为现代管理学之父的彼得·德鲁克将领导解释为能够营造一种情境，让员工在这种情境中心情愉悦地工作，并且管理的职能——计划、组织、指挥、控制，可以通过有效的领导实现。

哈罗德·孔茨认为领导可以被视为管理的重要内容之一，要想成为一名有效的管理者，其中一个必要条件就是要具备能进行有效领导的本领。

总之，领导可以界定为领导者运用权力影响他人实现组织目标的行为或行为过程。

3.1.2 领导与管理

现实生活中，很多人认为领导等于管理，但其实两者差别很大。领导不等于管理，领导者也不等于管理者。

哈佛商学院的约翰·科特教授提出"领导与管理在功能方面具有不同之处"。领导的目的是推进组织变革，而管理的目的则是维持具有复杂性的日常组织秩序。领导和管理的关系可以解释为思想和行动的关系，领导指的是基于正确的方向做正确的事，侧重于宏观把控，而管理则指的是在具体程序方面能够正确地做事。

为了让组织处于有序且一致的状态，管理者需要制订正式计划，设计标准化的组织结构，以及监督计划的实施结果。然而领导者为了促进组织建设性变革则需要采取不同的措施，他们通过与员工沟通企业未来的发展前景，让他们明确组织发展的方向，并且鼓励他们努力克服障碍，从而实现组织的变革与创新。在情感介入上，管理者对于组织目标的态度需要他们不带个人情感偏向，然而领导者对待组织目标则需要持有一种积极的、个人的态度。领导与管理的比较如表3.1所示。

表 3.1　领导与管理的比较

类别	领导者	管理者
定义	领导指的是做正确的事	管理指的是正确地做事
目的	变革:确定方向、整合相关者、激励和鼓舞员工	秩序:计划与预算、组织及配置人员、控制并解决问题
战略	侧重于未来,规划战略	侧重于现在,执行战略
权力	团队赋予	授权与分权
创新	追求变革、创新	维持现状、稳健发展

资料来源:卜云峰,郭建琴(2021)。

3.1.3　领导与领导力

"Leadership"这一英文词汇既可以指领导力,即领导才能,又能够用于表示领导的过程,即领导行为。詹姆斯·库泽斯认为领导力是一种能力,他在《领导力》这本书中把领导力解释为:领导者怎样通过激励来让组织中的其他人自愿做出卓越性成果的能力。

苗建明和霍国庆(2006)将领导力定义为:领导者基于特定的情境对其追随者和利益相关方的吸引能力和影响能力,以及让他们持续完成群体或者组织目标的能力。

总而言之,领导力是一种影响他人实现目标的能力,是关于领导的有效性,是为实现共同目标,有效影响他人观念、态度和行为的能力的总称。

同样地,领导也不等同于领导力,两者不可混为一谈。领导指的是在组织中担任的职位及其领导活动行为,而领导力则指的是领导者的影响力,即领导者拥有影响被领导者的能力或力量。

3.2　平台型组织领导的结构

3.2.1　平台型组织领导的类型

1) 平台型领导

郝旭光(2014)认为,平台型领导指的是领导者重视自己与下属的共同事业,通过扩展事业的范围,提升事业的质量和层次,来激发、调动自身与下属的潜能和积极性,并且同时影响领导者自身和下属的一种领导类型。

作为一种新的领导模式,平台型领导的本质是领导和员工之间相互成全、共同成长和进步,这也是平台型领导相比于其他领导模式的本质区别。平台型领导的维度涉及以下4点:第一,同时关注自己与下属的成长;第二,打造并且持续扩大事业平台规模;第三,打造互相成全的互动关系;第四,注重动态优化互动过程。平台型领导中动态优化的

"动态"包括以下两层含义:第一,做大平台是一个动态的过程而不仅是最终的结果;第二,由于平台的大小是没有止境和限制的,所以做大平台是一个连续的、动态的过程。

基于扎根理论,郝旭光等人(2021)研究发现,平台型领导是一个复杂的构念,包括以下6个维度:第一个是包容维度,强调资源、知识的共享和下属的开放式沟通;第二个是个人魅力维度,强调员工行为模范和信任形象的塑造;第三个是变革规划维度,强调对变革性行为的接受度;第四个和第五个是平台搭建与平台优化维度,这两个维度强调为员工持续性的进步与成长提供平台与空间;第六个是共同成长维度,强调领导者的以身作则,以及与下属的有效互动。

平台型领导能够关注员工心理需要,促进员工创新工作行为。平台型领导在自主需要满足方面,对员工的事业发展给予高度重视,通过打造共同的事业平台,让员工能够充分地施展和提高自己。平台型领导在关系需要满足方面,强调领导与下属员工互相成全、共同成长、进步与提高。在胜任需要满足方面,平台型领导重视对下属能力的提升,采用积小胜为大胜的方式和手段,持续扩展事业范围和提高事业质量。如果领导类型可以有效地满足员工的基本心理,那么员工就会变得更加自信,有更高的内驱力去尝试冒险,也将会有更强的动机去进行创造性和创新性的活动。

2)责任型平台领导

责任型平台领导是责任型领导在平台情境下的再次创新和发展,是基于责任型领导与平台领导的融合而蜕变出来的一种新型的平台领导范式,是平台领导范式的新发展、新进阶(肖红军,2020)。

责任型领导的核心特征有:伦理符合性、影响有效性、关系可持续性、关注利益相关方利益、重视长远目标。责任型平台领导具有平台思维和生态领导特征,其领导范畴不仅包括领导员工、外部利益相关方和成员企业,还包括领导买方和整个平台商业生态系统对社会负责。这种类型的领导是对传统平台领导的超越,具体表现在平台领导定位、领导力构成、领导关系与逻辑和领导方式与行为4个方面。

①平台领导定位超越,即由纯商业性转变为公共性与商业性相结合,兼具企业个体的"经济人"属性与平台场域内的"社会人"角色。

②领导力构成超越,即从单一的商业领导力主导向社会领导力和商业领导力的融合转变。责任型平台领导所具备的创造共享价值的领导力与共益型的企业家精神,可以转化成可持续性的商业领导力。除此之外,责任型平台领导强调平台领导与利益相关方的关系,以及平台领导的社会嵌入关系,重视平台领导的社会能力、社会影响及社会声誉。

③领导关系与逻辑超越,即由显性的市场契约关系向显性和隐性两者相结合的综合社会契约关系转变。基于显性市场契约关系,责任型平台领导更加强调平台领导者和平台参与者之间的非正式契约关系,例如:心理契约、道德契约等隐性的契约关系,还强调平台领导者、平台参与者、平台商业生态系统等各主体分别与社会之间存在隐性的社会契约关系。

④领导方式与行为超越,即由中心化向去中心化转变;由生态控制向生态共治转变;

由零和博弈向价值共享转变。

3.2.2　平台型领导与传统领导模式

1）平台型领导与传统领导模式的区别

在组织行为的研究中,典型的传统领导类型研究对象包括交易型领导、魅力型领导及变革型领导3种。相较于这3种传统的领导模式,平台型领导具有以下不同之处:平台型领导强调与下属员工之间相互成全、共同成长和进步。利用平台作为实现自我成长的媒介和手段,同时又能推动平台不断壮大,进而形成良性互动的过程。除此之外,平台的发展没有止境,可以通过一定的手段做大做强,例如领导者可以采取措施提高下属与自身素质,一步一步积累,使平台得到进一步发展。平台型领导与3种典型的传统类型的对比如表3.2所示。

表3.2　平台型领导与3种典型的传统领导类型的对比

领导类型	领导行为	维度	优点	缺点	适用企业
交易型领导	界限明确;秩序井然;信守规则;执着于控制	权变奖励;主动例外管理;被动例外管理	从人趋利避害的本性调动人的积极性	适应性较弱,仅仅依靠奖励和处罚来促进下属工作	传统的企业和组织
变革型领导	给追随者树立榜样;支持员工尝试新理论、创造新方法来解决组织的问题;创造一种支持性氛围	领导魅力;感召力;智力激发;个性化关怀	激发员工内部的愿望;使员工对未来充满期望和期待;不断增强员工的主动性	缺乏互动,没有考虑共同成长,没有关注共同事业的壮大;没有考虑领导者和员工地位的动态变化	高速发展和下属提升愿望比较强烈的企业
魅力型领导	对下属进行愿景激励;给追随者树立榜样;不落俗套地带领变革	领导魅力;愿景;对目标的坚定信念;变革	可以提高下属的绩效和当前的满意度	与变革型领导类似:注重自我提高,忽视了下属的提高和长远发展	初创时期和面临危机时的企业和组织
平台型领导	关注领导者和下属的成长;打造并不断扩大事业平台;塑造相互成全的互动关系;互动过程的动态优化	领导魅力;相互成就;成长;动态	激发下属的内在潜力;有利于领导者自己和下属不断进步、共同提高并成就最好的自己;事业平台不断做大	领导者能力提高速度不如下属快,魅力会降低;有可能引起组织的不稳定	希望做成百年老店、期盼基业长青的企业和组织

资料来源:郝旭光(2014;2016)。

2）平台型领导如何实现良性互动

（1）赢得下属信任

赢得下属信任是实现有效沟通最重要的一点。除了处理工作任务,有效沟通更是一个好的领导者需要学会的。信任是沟通的前提,如果无法做到赢得下属信任,领导者将很难做到有效沟通,并且实现合作共赢。要想获得下属信任,可以通过多种途径,例如:承担责任、信守承诺、善意的态度、关心下属等。

（2）调动下属积极性

一个好的领导者,应该学会通过各种方法让员工在工作中找到价值感和成就感,培养工作乐趣,这样有助于员工认识自己工作的意义与价值,从而提高工作的积极性。实现这一目标的方法包括但不仅限于丰富工作内容、提高员工自主权、调整工作分工等。除此之外,还可以在员工个性、特长上进行挖掘,为他们的工作成长提供更好的氛围,培养其能力和智慧,让他们释放潜力,从而实现价值增值。

（3）互相成全

可以预见,想要一段关系持久,必须同时进行"给予"与"索求",即强调互相成全,这是平台型领导模式的关键。长期没有回报的单方面给予会严重挫伤给予者的积极性,进一步损害合作共赢的持久性。同样地,只索取不给予也是不能长久。所以,在领导者和下属之间强调相互成全,双方既有付出又有回报,才能实现良性互动。

（4）分享已有资源

在领导与下属的相互成全中,领导者不可避免地要进行资源的分享,已知包括荣誉、机会、客户、财富乃至权力等的这些资源具有稀缺性,在分享的同时也意味着领导者要面临一定的损失,而这种稀缺性更会加剧其对损失的敏感程度。所以,在互相成全的过程中,那些对自己高要求且愿意分享稀缺资源的领导者相比于其他人来说,会因为其广阔的胸襟而能拥有更多的追随者。

3.2.3　平台型领导的特征

针对传统领导,平台型领导实现了 5 个超越,并且与以往诸多有关领导类型的研究相比,平台型领导存在本质的区别并且有构成维度的专属性。下列 5 个超越较为完整地反映了平台经济背景下平台型领导力的内涵,并刻画了平台型领导的行为特征:一是从自利向分享利他转变;二是从孤立封闭向交互协作转变;三是从管控约束向孵化创客转变;四是从指挥命令向度己化人转变;五是从强调权威和服从向赋能平等转变(辛杰等,2020)。

1）分享利他

平台型领导秉持利他和给予之心,将事业平台的资源、荣誉、财富等发展成果与员工共享,给员工的事业发展提供平台与成长机会,致力于打造基于事业平台持续改善的"共同体"。他们宽厚仁慈的性格和广阔的胸襟能够促使公司目标和员工目标达成高度统一,既成全他人也成全自己,达成共赢。

2)交互协作

平台型领导将自己置于与下属的关系互动中,与伙伴、同事进行无边界沟通、协同合作、交互学习、互相砥砺,扩展和提升事业的品质,和下属建造共同的事业平台并一起将事业平台做大做强,实现共同成长进步,共同奔向事业的成功。

3)孵化创客

基于平台型领导的引导和带领,公司组织不再束缚于以泰罗范式为基础的科层式的组织结构,而是将组织改造成追求客户价值最大化的倒金字塔式的平台组织,淡化甚至取消自上而下的权力控制,领导者由原来的命令发布者向资源的提供者和服务者转变,将自身权力下放,充分授权给员工并将责任下沉,以此让员工实现高度的自主权,并在工作中体会到乐趣和自我价值感。

4)度己化人

平台型领导还拥有自我修行并启发他人的属性。他们不仅能在自身的心灵和觉悟方面不断督促自己成长与提升,还能通过打造广泛认同的企业文化来提升全体员工的归属感及事业上的意义感、崇高感,以此慢慢地教化思想、凝聚人心及提升整体士气。此外,他们还能在技术层面和制度层面关注员工在个人能力、使命、价值观、愿景等方面的启发和教育。

5)赋能平等

平台型领导有注重赋能员工并与员工成为平等伙伴的属性,他们不强调控制员工,而是赋予员工充分的自由度并鼓励他们探索创新,且不着重于控制员工。这样平等的合作伙伴关系,让员工受到的限制大大减少,推动员工最大可能地施展自己的才华、智慧、激情和潜能,进行自我超越,进而使得整个团队富有活力和创造力。平台型领导通过这样的方式,让平台制赋能结构取代了金字塔式的组织结构,也通过这样的方式自下而上地为企业注入鲜活的生命力和源源不断的动力。

3.3 平台型组织领导力的结构

与传统的组织相比,平台型组织领导力是面向未来的,对人才的培养需要打造人才生态圈,更多地聚焦在开放、赋能、回归人性、知识管理等维度,以此汇集人才、成就人才。

3.3.1 平台型领导力

Gawer 等(2002)认为平台型领导力是指平台型企业自身引领处于其生态系统的其他大量企业,以促进这些企业从事与该平台型企业价值共创所互补的产品及服务开发的能力,包含协调平台、分配要素、形成资源共享、价值共创的互惠结构。

Kretschmer 等(2007)将平台领导力描述为平台企业利用资源实现目标的能力。一个处于领导地位的平台公司或平台企业,既能在其追随者那里建立高度的自主权,又能执行其战略决策。

张镒等(2020)认为平台型领导力是指平台企业在其建立的商业生态系统中作用于其他相关主体的影响力,是整合配置生态系统中资源的能力,也是综合协调生态系统中各利益主体关系的能力。

3.3.2　整合型领导力

1)概述

作为一种新的领导力模式,张大鹏等(2017)认为整合型领导力是以关系整合为核心,依托于各参与合作单元的领导要素整合以及战略决策整合,在运行机制和保障机制上达成一致,并实现多方共同利益网络式动态合作的驱动力、保障力。整合型领导力的"整合"是指对不同部门、组织、文化的跨界领导力进行整合,总共包含5个维度:一是领导要素的整合;二是战略决策的整合;三是关系的整合;四是运行机制的整合;五是保障机制的整合。

①领导要素的整合,包括以下4个方面:一是技术和技能方面的领导要素;二是鼓舞和鼓励方面的领导要素;三是协调和引导方面的领导要素;四是愿景和使命方面的领导要素。领导要素的整合强调核心领导在引导、鼓励、协调方面的作用,能够带动并促进商业生态系统内平台企业的合作,为提升企业协同创新绩效提供基础(张大鹏,孙新波,2018)。

②战略决策的整合,主要涉及3个方面:共同的目标和目的;联合制定战略;共同制订计划和策略。战略决策的整合强调核心企业在统一各组织目标方面的作用,包括战略、实施计划的共同制定等。参与各方合作的关键是要有一个共同目标与期望的产出,而战略决策的整合恰好能够统一参与企业的目的与目标。

③关系的整合,主要涉及核心团队的建设以及利益相关方的识别、引入与维持。主要有以下两个方面的作用:一是对系统内部合作企业之间的关系进行维护;二是对系统外的关键关系进行识别,并基于系统外部资源的创新来推动平台上更具价值的互补品的产生。

④运行机制的整合,可以促进平台成员之间的沟通、信任和共享,从而促使平台内的信息、知识和资源能够顺畅地流动。运行机制的整合包含:对合法性的确定;对领导风格的确定;对沟通机制、信任机制、共享机制、利益分配机制等的确定。

⑤保障机制的整合,主要涉及制定相关的政策和规则及应对紧急突发情况等。如果系统内部企业间的合作能够得到良好的政策保障,那么也将有利于平台的推广与共同价值的创造。

2)整合型领导力对组织创新绩效的促进作用

整合型领导力对组织创新绩效有提升作用,当以上几个领导者的相关元素对其行为起作用时,会有利于组织创新的表现,提高组织创新绩效水平。关系整合是整合型领导力5个维度中影响组织创新绩效的关键因素,其直接目的是获取组织创新所需要的互补资源。同时,将运行机制和保障机制整合起来,能够在根本上保证组织创新绩效的实现(张大鹏等,2017)。

①组织领导层对组织创新绩效的提升作用。从网络组织角度而言,行为整合的对象不只是一个组织中的高层管理者,还有整个合作关系网络中的网络高层管理者,整合他们的行为来促进他们的互动程度和参与程度。这些管理人员基于基本平等的关系合作,彼此之间并不具备固定层级关系,这样能够创建一个有利于沟通、合作、信息交换和共同决策的高效环境,极大地促进组织的创新绩效水平。

②组织关系层对组织创新绩效的提升作用。组织层面的关系是组织合作的一个关键部分,因为识别关系和获得资源对于组织的创新绩效来说至关重要。以资源为基础,组织创新对组织外部资源的需求越来越大,然而组织之间都存在一定的组织边界壁垒,或大或小。而关系整合的核心部分及主要目的是,在利益的驱动下暂时模糊组织边界,整合组织之间的互补资源,然而知识与资源的碰撞不可避免地会产生新的知识和信息,从而促进组织之间进行创新。当然,最终的创新成果也会由参与协作的各组织共享。

③组织运作层对组织创新绩效的提升作用。资源的交流与碰撞有利于组织开展创新活动,而关系整合在关系的识别、建立和维护中也起着重要作用,但同样地,对于网络运作在组织合作中的作用也不容忽视。组织运作层包括运行机制的整合和保障机制的整合,运行机制的整合能在合作过程中对内外部组织的认同进行保障,从而开展深入合作。运作层的共享机制、沟通机制和信任机制等能够直接实现知识、信息和资源的交流与交换,进而直接提高组织的创新绩效水平。

3.3.3　数字领导力

1)概述

随着信息技术的不断发展,电子领导力受到国内外学者的广泛关注。Avolio(2000)基于数字技术给领导领域带来的新变化,最先提出了"E-Leadership"的概念——数字领导力,也可译为信息领导力和电子领导力,指的是依据先进的信息技术媒介,促使个体、团体、组织在情感、态度、思维、行为、绩效等方面发生变化的社会影响过程。

霍国庆(2008)将"E-Leadership"理解为信息化领导力,认为只有顺应信息化时代的变化,不断提升信息化领导力的领导者才能持续取得成功。他进一步将信息化领导力定义为:在信息化时代,领导对其追随者和利益相关方的影响能力及持续实现群体或者组织目标的能力。该学者指出信息化领导力作为领导力的一个子概念,在领导力的内涵上具有更加丰富的含义。

刘追(2015)把"E-Leadership"翻译为电子领导力,即在知识经济背景下,领导者拥有以信息技术为媒介对资源进行整合的能力及引导、激励员工持续追求实现个人目标与组织目标的能力。

与传统领导力相比,数字领导力有以下新的变化:

①领导对象多元化。组织边界的模糊化和开放化,不仅使面对面交流的员工会受到电子领导力的影响,更多来自不同文化背景、分散在世界各地的虚拟员工,也都会受到电子领导力作用的影响。

②领导行为差异化。一方面,在任务领域,要求领导者具备信息战略眼光,更加关注未来蓝图设计;加快知识获取,进行智力资本分享,大幅度提高员工的知识吸收效率;跳出思维边界,推动跨组织合作;缩短决策周期,更迅速地应对各种变革。另一方面,在关系领域要求领导者要有较高的文化敏感度,更加重视员工的发展,通过价值领导使管理的阻力减少,让员工发自内心自愿地为实现目标努力付出。

③领导环境优越化。优越的环境使得信息获取途径更加多样,这为决策提供了大量的信息支撑。这就意味着,无论身在何处,领导者都可以及时利用网络联系到团队成员,组织成员彼此联系更加便捷。

基于数字时代背景,领导力作用的情境和机制发生了变化,门理想(2020)将数字领导力定义为:在数字技术手段的帮助下,领导者能够促使个人、团体、组织在情感、态度、思维、行为、绩效等方面产生改变的能力及过程。他认为数字领导力是一个动态过程,是领导力与其作用过程的有机结合,而不能片面地或孤立地把数字领导力看作领导力或领导过程。

2)数字领导力的结构维度

李燕萍和苗力(2020)基于扎根理论,在 SEC 模型的基础上,将企业数字领导力的结构维度划分成了领导能力和领导行为两个方面。他们认为数字领导力的具体表现主要如下:领导者需要具备数字化思维,能够借助数字化战略思维发现、分析及解决企业的战略发展问题,并且保持战略定力。基于数字化战略思维的指导,一方面,企业的领导者不仅能够敏锐掌握和适应组织所处的外部科技环境以及科技政策环境,具有防控潜在数字化风险的能力;另一方面,企业领导者还能利用数字化的技术、手段、方式,与组织内部成员进行高效的沟通与交流,引导、带领、支持组织内数字化人才和数字化组织的建设、变革与发展,进而有效实现对企业和领导目标的追求。这种数字领导力涵盖五个维度:一是数字化战略思维能力;二是数字化环境掌控能力;三是数字化组织变革能力;四是数字化人才发展能力;五是数字化沟通社交能力。

(1)数字化战略思维能力

战略上的数字化思维能力是企业数字领导力的其中一个维度。数字化不仅是指一种技术变革,更是一场认知与思维的革命。受数字技术影响的企业领导风格与现有的领导理论有很多类似的地方,但领导者在面对企业战略方向的问题时,需要表现出更强的情境意识和认知能力。数字化战略思维能力对企业领导者在制定战略规划上至关重要,他们可以调用已有的数字化思维,针对企业发展中的战略问题,进行识别、分析和解决,对组织的数字化愿景提供积极的支持与构建。他们还可以精准把握企业数字化转型的战略方向,对企业数字化转型的优先级排序进行一定调整,从而适应企业发展变化,把控企业的转型升级导向。此外,他们还有能力保持战略定力,在企业数字化转型中,他们拥有做出长期战略承诺与投入的话语权与说服力。

(2)数字化环境掌控能力

对环境的掌控力也是企业数字领导力的一个重要维度,包括对科技的政策环境和发展环境等进行有效把控与应对的能力。不管是通过何种方式,自学或企业培训,企业数字领导力都要求领导者能够基本掌握甚至精通各种信息技术相关的知识与技能。那些具有数字化环境掌控能力的领导者,除了掌握或精通当前的数字技术外,还能够始终保持"活到老,学到老"的心态,在科技发展和个人数字技能提升上实现动态追踪与更新发展,能够在掌握现阶段技术与紧跟最新技术发展之间维持平衡。而且,对于组织外部的科技发展与科技监管政策,那些具备数字领导力的企业领导者也能有所了解与掌握。除此之外,不仅技术专家要关注网络和信息安全等相关问题,对于组织中的数字化风险,企业领导者也要有能力进行有效的识别、预防和控制。

(3)数字化组织变革能力

发起与支持数字化组织变革的能力是企业数字领导力的又一维度。毫无疑问,随着数字技术的发展,传统的组织结构必定会受到一定冲击。如果一个企业的领导者不能识别和掌握新技术并对新技术做出行为反应,那么他们就会落后于新技术与时代,导致他们自己甚至企业被淘汰。因此,那些具有数字领导力的企业领导者,在面对组织结构、组织文化和价值流程时,能够主动发起变革,并且采取措施激励他人支持该变革,推动组织快速进行技术创新,在组织价值创造上发挥着重要作用。同时,如果他们缺乏相应的技术知识来实施变革,他们也会勇于接受和承认变革可能与他们的强项并不契合。

(4)数字化人才发展能力

企业数字领导力还包括发展数字化人才的能力。企业要想成功实现数字化转型升级与变革,其关键在企业数字化人才队伍的建设上。相比于企业统一的培训开发,直接领导者在提升和发展员工能力上能够产生更大的影响。在数字化时代,工作场所也呈现分权化与去中心化趋势,为了顺应这一趋势,拥有数字领导力的企业领导者会利用数字技术实现授权与赋能,从而真正激发员工的主动行为,例如通过一系列的权力下放和委托管理等行为来赋能员工。在团队层面,特别是在虚拟团队中,企业领导者需要发挥更多的功能。除了组建团队、管理任务、反馈响应等基本的团队功能,还可以在虚拟环境的沟通中基于顶层视角,促进团队成员理解任务、执行任务,并在执行过程和结果上,为成员对绩效、奖励与晋升的公平感提供保障。具有数字领导力的企业领导者,也擅长借助数字化的技术方式与人力资源管理平台,对下属与团队实现数字化管理,做好员工与团队发展的辅助工作。

(5)数字化沟通社交能力

数字化沟通社交能力也是企业数字领导力的一个方面。沟通能力既是领导力的基础,也是所有其他领导功能在组织内能够发挥作用的基础,例如解决问题、建立信任、共享愿景等领导功能。尤其是在数字化背景下的工作环境中,虚拟沟通呈现出几何爆炸式的增长形势,员工和用户也更青睐于使用虚拟沟通。拥有数字领导力的企业领导者需要在保证沟通便捷性的同时保证沟通的质量,因此,企业领导者必须把握并利用各种数字化工具与技巧,为员工与团队沟通构建一个积极的数字化环境。此外,在虚拟沟通社交中,企业领导者能够凭借自身数字领导力建立良好的数字化信任也是至关重要的。企业领导者通过在虚拟环境中真诚地表现自己,展现自己公正可靠的品质,从而获得员工、上级、合作方等各利益相关方的信任。另外,他们还擅长利用各种沟通工具与技巧,通过对信息接收者社交偏好的适应来增强社会联系,从而建设良好的社会网络关系并实现进一步的发展巩固。

3) 数字领导力的作用

拥有数字领导力的企业领导者更加倾向于从组织战略的层面来考虑企业的发展,这会对组织置身的外部环境及员工与组织的创新发展同时产生影响。这种影响表现为:在个体层面,会对员工的创新能力和绩效产生影响;在组织层面,会对组织的创新行为等产生积极的影响;在宏观层面,会对产业环境的创新变革、科技与社会效益产生影响。

(1) 个体层面

基于组织的个人角度,那些具有数字领导力的企业领导者,会在员工的个人能力、个人发展、个人成长及虚拟团队的创建与发展上倾注更多的重视与关注。在企业领导推动下,企业文化的数字化变革及组织的平台化赋能,使得各种复杂的信息和无形的知识更加有形可见,并且更容易共享。基于此,员工也将获得更多的自主权与参与性,从而提供了一个既能够挖掘、开发、利用、提升他们创新能力,还能够提高他们工作绩效的平台。另外,企业领导者利用数字化沟通与社交能力,可以在海量知识与信息的获取、迁移、归纳方面为员工提供帮助,并且为员工的虚拟沟通建立有效的数字化环境,促进信息共享及社会网络关系的发展。通过这种方式,员工的创新能力也能得到提升。在具有数字领导力的企业领导者的推动下,数字化转型和组织创新也会激发和释放员工的创造力,有利于员工工作绩效的提高和自身的发展,并最终对组织的绩效与发展产生积极的影响。

(2) 组织层面

基于组织的角度,组织创新行为会受到领导者的影响,具体而言,其个人特征、角色期待、能力素质等都会对组织创新有所影响。当企业领导者运用数字化的战略思维规划企业长期可持续发展时,可以帮助其识别价值主张、目标用户及客户关系等方面的创新可能性,以便企业能够发现和把握市场机会,从而在战略定位上实现创新。进一步地,战略创新会增强企业的竞争力以及绩效水平。

在环境掌控、人才发展等方面的数字化能力,能够帮助领导者助推企业或平台引进和使用新兴的数字化技术,从而为企业在技术产品创新、服务与生产过程优化等方面创造条件。依靠持续的创新,组织的绩效不断提升,组织的长久发展也得以实现。通过合理应用自身的数字化组织变革能力,组织形态会在企业领导者的带领下朝着平台化、网络化、开放化方向转变。在这个转型过程中,不仅涉及个体责任,还需要高度的协调合作,这也有利于组织创新能力的提升。

（3）宏观层面

基于宏观角度，数字领导力的应用将会在多个方面产生影响，例如企业所处的外部产业、科技、社会等环境方面。不同于传统领导的权威性，数字技术和社交媒体拉近了人与人之间的关系。对数字技术的高效利用，使得企业领导者能够调动资源并对其进行整合，从而为创造共同的身份与指引共同的行动提供可能。因此，企业领导者可以在产业与社会中，通过对数字技术和相关工具的高效利用，扩大自己的影响力，对整个产业的创新与变革发挥直接作用，进而影响和改变人们的某个社会生活领域。此外，企业领导者还可以沿着从组织到带动整个产业的路径，加速推动创新变革与数字化转型升级，进而改善和优化企业面临的产业环境，促进组织绩效的提升，并推动组织持续发展，从而形成良性循环。在社会层面，还能够促进科学技术的革新与发展，深刻影响和改变人们的某个社会生活领域，增进人民福祉。

3.3.4　数字领导力模型

1）SEC 模型（Six E-Competency Model）

Van Wart（2019）将数字领导力定义为：有效利用与整合信息化与传统通信技术的能力。它包含 3 个层次的含义：首先，认识与了解当前信息通信技术的能力；其次，为自己和组织选择新兴信息通信技术的能力；最后，使用这些信息通信技术的能力。

Roman 和 Van Wart 等（2019）又将数字领导力描述成意图改变情感、态度、思维、行为、绩效，并且以技术作为媒介产生一系列社会影响的过程，并在此基础上提出了数字领导力的 SEC 模型。他们认为该过程需要领导者具备以下 6 种能力：一是清晰良好的沟通能力；二是保持充分的社交互动能力；三是采取激励和管理变革的能力；四是组建维持可靠团队的能力；五是说明通信技术相关知识的能力；六是建立对虚拟环境信任的能力。

①数字化沟通能力（E-Communication）。领导者有能力利用信息通信技术（ICT）来保证沟通的清晰性和条理性，避免在沟通过程中产生错误和误解，并且不会过分影响本来的绩效水平。

②数字化社交能力（E-Social）。领导者能够创建一个积极的工作环境，采用不同的虚拟通信方式来促进交流与合作。

③数字化变革能力（E-Change）。基于信息通信技术（ICT），领导者能够有效地管理变革举措。

④数字化团队能力（E-Team）。领导者有在虚拟环境中创建、识别、激励、维持可靠的团队的能力。

⑤数字化技术能力（E-Tech）。领导者具备精通的技术，并能够对与信息通信技术发展相关和信息通信技术安全相关的问题持续关注。

⑥数字化信任能力（E-Trust）。领导者有能力在使用信息通信技术（ICT）时，通过彰显其诚实、一致和公平的特征，来建立信任感。

表 3.3　SEC 模型元素的定义

数字化能力	定义
数字化沟通	领导者有能力利用 ICT 保证沟通的清晰性和条理性,避免在沟通过程中产生错误和误解,并且不会过分影响绩效
数字化社交	领导者能够创建一个积极的工作环境,并采用各种数字化通信方式来改善沟通和协作
数字化变革	领导者具有利用 ICT 有效地管理变革举措的能力
数字化团队	领导者有在数字化环境中创建、识别、激励、维持可靠的团队的能力
数字化技术	领导者具备精通的技术,并能够持续地关注与 ICT 发展及 ICT 安全相关的问题
数字化信任	领导者有能力在使用 ICT 时,通过彰显其诚实、一致和公平的特征,来建立信任感

资料来源:门理想(2020)。

除了 SEC 模型中提到的 6 种能力,在数字化时代领导者还应具备其他的领导能力和技能,例如 Cortellazzo 等人(2019)在文献中提到的运用数字化媒介进行沟通的能力、迅速决策的能力、颠覆性变革管理的能力、联结度和连通性管理的能力、掌握数字技术和工具的能力、开发领导技能的能力等。

2)五力模型

在新的情境下,数字经济与其带来的社会单元重新划分、组织边界模糊化、人才评价系统转变等对领导者提出了新要求。仅仅拥有优秀的品质特征已难以为继,领导者还更需具备"数字化"思维,提升数字领导力,以应对更为复杂多变的竞争环境。

(1)前瞻力

对未来的洞察和远见卓识是优秀领导者的核心竞争力和胜任力,也是关于领导力的关键话题。前瞻力赋予领导者变革、科学、前卫的思维,让领导者具备预测未知、掌控未来的能力。在数字经济转型下,企业成功的核心主要在于企业领导者在制定战略上是否具有前瞻性思维,即怎样在充满不确定性因素的营商环境下,站在未来布局现在,用未来眼光谋划企业战略,看清组织的发展方向和路径。在数字经济的背景下,企业领导者的前瞻力强调对未来整体商业模式变化、资源整合和战略部署的洞察,而不是对简单自动化、虚拟化以及信息化的敏锐度。

(2)凝聚力

团队的关键在于是否上下齐心协力,凝聚力是团队管理的核心,是团队对成员的吸引力,而作为优秀的领导者,则需要有吸引与带领团队共同践行使命的能力。领导者不能像以前一样,依靠传统的权威与权力,相反,领导者要通过梦想、使命、愿景与目标来唤醒团队成员和激发其潜能。如何为来自不同地区、有着不同背景与信仰的人员组成的团队赋能,让团队成员坚定组织的信念与理想、凝聚共识,是领导者需要思考的重要问题。

在数字经济下,产业链分工和职能分工更加精细化、专业化和模块化,社会单元细胞重组,产业边界模糊化、开放化,大量专业的自由职业者随之出现。在这样的大环境下,领导者和员工进行充分的交流,沟通企业的使命,能够拉近管理者和员工的关系,提升团队工作协同效率、契合度,降低成本,达到人岗匹配的用人机制氛围,实现群体伦理价值观的统一,还能促进员工个人修养的提升,强化团队的凝聚力和黏性,使组织的事业充满激情。

（3）学习力

学习力是把知识资源转化为知识资本的能力,人们的日常生活和工作正在迅速地受到技术进步的影响,在这样日新月异的变化中,只有主动学习才能够更好地工作,而一个优秀领导者则需要无止境地追求学习,把学习常态化,让学习成为一种日常习惯。

创新是组织发展的核心和关键,而组织的学习力则是组织成员创新能力的集中体现,这些能力可以直接向创新成果转化。鉴于数字经济的新形式、新技术和新变革,如何利用强大的信息力量来控制局势是一个优秀领导者应该掌握的。这就需要领导者不断提升自己的学习力,领导者可以通过"三全一多样"的学习机制——全生命、全方位、全天候及多种多样的学习方法,制订相关的学习计划,评估学习成果,以此来促进组织的可持续发展。

（4）决策力

决策是领导者的关键职责,指的是对决策做出判断或选择的能力,而优秀的决策力则是领导者的重要特质。优秀的领导者需要具备敏锐的决策力,对事情做出果断的决策,借此把可能性转化为现实性,从而实现公司的持续盈利。

在数字经济大环境中,面对更加精细化、专业化和模块化的组织单元,领导者在日新月异的市场变化中受到一系列挑战。市场变化快速且复杂多变,领导者在各方面都需要与大数据接壤,例如树立大数据理念和应用大数据工具,这样才能在快速变化的市场下敏锐挖掘并实现决策。

（5）持续力

当今世界机遇与挑战并存,不确定因素越来越多,面临的诱惑也越来越多,要想抵挡住各种各样的外部诱惑,优秀领导者就必须坚定自身的理想信念。企业领导者需要培养不怕困难、坚持不懈、百折不挠的精神,当他们在行业发展中遇到瓶颈时,仍需要集中精力并坚持不达目标誓不罢休,将优秀领导者需要的持续力发挥出来。

在数字经济的背景下,社会分工逐步细化、专业化,逐步打造出新的产业链和区块链,企业领导者必须准确定位,聚焦核心业务并精益求精,力求完美,坚持做好"理所应当"的事。

数字经济的企业领导力五力模型如图 3.1 所示。

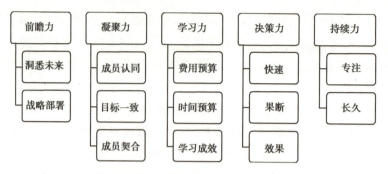

图3.1　数字经济的企业领导力五力模型

资料来源：卜云峰、郭建琴(2021)

3.4　平台领导力的影响因素和作用效果

3.4.1　平台领导力的影响因素

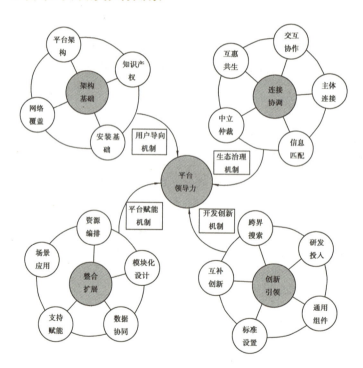

图3.2　商业生态系统中平台领导力的影响因素

资料来源：张镒等(2020)

平台领导力的获得与平台企业在商业生态系统中所处的生态位密切相关,张镒等人(2020)基于平台企业在系统中扮演的角色,构建了平台领导力影响因素及其作用模型,平台领导力的影响因素主要包括架构基础、连接协调、创新引领及整合扩展 4 个方面。商业生态系统中平台领导力的影响因素如图 3.2 所示。

1）架构基础

架构基础是指平台化企业在平台结构、安装基础、网络覆盖、知识产权等方面具有的优势与能力。架构基础决定平台领导力的产生和大小，是平台领导力出现的前提。架构基础不仅决定了平台领导力的源头，也是拥有生态系统核心生态位的平台企业的一种表现。

2）连接协调

连接协调影响平台领导力的大小和作用主体。平台企业影响生态系统成员，通过互动协作、主体联动和信息匹配，将生态圈内的交易主体连接起来，对他们的交互过程产生影响，在他们的关系协调中发挥中立仲裁的作用，使成员间的利益关系能得到合理处理，实现各方互利共生。

3）创新引领

创新引领是平台领导力产生和保持的关键行为，直接关系到平台领导力的持久性与大小。一方面，平台企业在研发上大量投入，通过设置通用的组件和营造明显的技术创新优势，来吸引平台用户以及参与者的追随；另一方面，平台企业具有较强的标准设置能力，能够维持生态系统的演进与用户关系的稳定，还能利用跨界搜索，来挖掘市场机会，促进优势互补，实现协同效应。

4）整合扩展

整合扩展影响平台领导力的规模和范围。作为平台领导功能的体现，平台企业的整合与扩展，就是对平台生态圈中的资源与能力进行控制和组织，对平台进行模块化设计，通过数据协作，并根据环境制定有效的应对策略，在实际应用中赋能平台用户或为其提供后台支持。

3.4.2 平台领导力的作用效果

平台组织的发展是影响商业生态系统兴亡的关键，因为商业生态系统是以平台企业为核心的。平台企业基于自身的平台领导力，打破了原来的产业界限，广泛连接创新与交易各主体，并且跨界使内外资源整合及生产要素自由合理配置，促进了大规模的协同生产。在此基础上建立起一种生态治理机制来协调平台相关方的利益关系，打造聚焦平台企业的商业生态系统，就被称为平台生态系统。要想商业生态系统得到良性发展，就必须重视平台企业的健康成长。

在复杂且不断变化的环境下，领导者在指导员工适应变化、促进组织变革和提高企业绩效水平方面发挥着重要作用。Cusumano 等人（2002）指出，平台领导有以下责任与功能：一是制定相关的商业规则；二是对平台用户的行为进行规范；三是保证交易活动的顺利进行。在商业生态系统中，平台领导具备多重角色，包括生态领导者、关系协调者和市场中介者等(罗珉，杜华勇，2018)。作为平台的建造者与生态的协调者，平台领导者的平台领导力有利于平台生态系统的高度互补和共生共赢，在平台交互规则的制订、平台上双边或多边用户的交易及平台生态系统的可持续增长等方面具有重要的促进作用。拥有的平台领导力越大，就更容易促进平台企业的创新，对整个生态系统的可持续发展也就越有利(张镒，刘人怀，2020)。

本章小结

领导是领导者及其领导活动的简称。领导与管理不同，领导是确定所做的事是否正确，管理则是有效地把事情做好。平台组织领导包括平台型领导与责任型平台领导。

领导力是一种影响他人实现目标的能力，是关于领导的有效性，是为实现共同目标，有效影响他人观念、态度和行为发生改变的能力的总称。

平台型领导指的是领导者重视自己与员工、下属的共同事业，通过扩展事业的范围，提升事业的质量和层次，来激发、调动自身与下属的潜能和积极性，并且同时影响领导者自身和下属的一种领导类型。

平台型领导相较于传统的领导模式有所差异，它强调领导者和下属的自我成长、共同成长及平台的成长。平台型领导有五大特征：分享利他、交互协作、孵化创客、度己化人、赋能平等。

平台型领导力是指平台型企业自身引领处于其生态系统中大量的其他企业，以促进这些企业从事与平台型企业价值共创所互补的产品及服务开发的能力，包含协调平台、分配要素、形成资源共享、价值共创的互惠结构。

整合型领导力是实现多方共同利益的网络式动态化的合作驱动力与保障力，划分为领导要素整合、战略决策整合、关系整合、运行机制整合、保障机制整合5个维度。

数字领导力是指以先进的信息技术为媒介，促使个体、团体、组织在情感、态度、思维、行为、绩效等方面发生变化的社会影响过程。在知识经济时代的背景下，领导力有以下新变化：领导对象多元化、领导行为差异化、领导环境优越化。可以通过SEC模型和五力模型来分析、衡量数字领导力。

平台领导力的影响因素主要包括架构基础、连接协调、创新引领及整合扩展4个方面。平台领导力的作用效果体现在规则制定、资源整合、个人创新、组织绩效等方面。

复习思考题

1. 简述领导与管理、领导与领导力的区别。

2. 平台型领导有哪些类型？

3. 平台型领导与传统领导模式有什么不同？

4. 平台型领导有哪些新特征？

5. 列举平台领导力的类型及结构维度。

6. 回顾数字领导力模型及模型具体内容。

7. 平台领导力受哪些因素影响？有哪些作用和效果？

【案例研读】

2010年10月,郑海同方明、刘轩两位合伙人一起创立了上海腾飞公司,公司主要从事羽绒服设计与销售(生产外包)。在总经理郑海的努力下,公司从成立之初的5个人,已经发展成了拥有50多名员工,年销售额2亿多元人民币、利润6 000万元的公司。目前,腾飞公司的运作流程与市场占有率都比较稳定,在细分的小行业处于引领地位,代理商遍布中国,已经成为羽绒服市场的后起之秀。但公司的快速发展也带来了诸多问题。比如资金紧张、财务简单、管理分工不具体。终于在2017年6月的一天,公司内部的矛盾爆发了。

在公司的内部会议上,郑海就新一季的冬装订单与股东和员工代表关于生产安排、质量控制、财务管理和公司发展等问题进行谈判。多年的合伙人,一手提拔的得力干将,现在这些人都站在了他的对立面,反对他的管理方式,追究这些年来的管理过失和问题,要和他算账。对此,郑海也是满心委屈,为了管理整个公司,带领大家快速发展公司,自己不怕辛苦劳累,看到公司管理混乱,自己深入现场进行管理,却没有得到大家认可,反而说自己没有领导力?公司面临财务资金等紧急情况,都是自己不计较个人得失,想尽一切办法,帮助公司和客户渡过难关,为什么大家不理解却说自己只说不练没有执行力呢?那么,平日里郑海都是如何管理公司,最后落得这个局面呢。

一、事必躬亲,"多面手"老大

上午8点,郑海在去生产厂商的路上,一边开车一边皱着眉头想接下来的交期怎么办。刚才代理商打来抱怨电话,自己忍气吞声地向代理商赔礼道歉,而生产厂商又是一副死猪不怕开水烫的嘴脸,弄得自己两头不是人。他不由得怒火中烧,拿起手机,拨通了生产采购部小汪的电话,质问小汪。"小汪,你现在在哪里?货做到哪步了?怎么搞的,代理商又威胁说如果货再不发过去,他们全不要了,到时这个损失大了,你赔得起吗?""郑总,您听我说,事情是这样的,现在的盛大厂,我很难叫得动他们,之前他们都是和您直接联系的,只听您的话,看来需要您亲自去解决了。""小方,帮我拿个顺丰面单过来,我写个快递。""邹厂长,您在厂里吗,我们那个16 091款什么情况了?我下午要来量尺寸的。""小李,济南的货发了吗?明细给我。""开发票?好的。小王刚来不熟,还是我开吧。""小黄,走,我们去市场买点花回来。今天下午有很重要的客户来,你们挑的也许他们不喜欢,还是我亲自去吧。"……

二、事务繁杂,"忙人"老大

"郑总,您看这件事情要不要再考虑一下?""你就按我写的或说的去做就行了,不要再问我了,像机器人一样去做就行。""郑总,我想问一下,那个单子上的印花色……","不要问了,我这会儿在开车,没时间也没心情和你多聊,自己看资料就好了。""我今天就吃了早饭,中饭和晚饭我都还没吃呢,忙得没时间,一会儿再说。""怎么又打电话给我了?一点事烦不烦啊?自个儿做,不要问了,今天不要再给我打电话了,我很忙。""你为什么不早向我汇报,你这个人真是的,批号5后面肯定是批号6啊。谁知道你生产时是批号6

先出来的,正常情况不是这样的。无端地多招了一件事给我,烦透了,让我在客户面前怎么交代啊? 怎么圆这件事?""我都说了,和我们合作,你不用天天电话催我的,我比你们还着急,不是你催一下,交期就会变快的。"

三、只说不练,疲于应付

"我们要建立完善的财务制度和管理制度,我们要进行公司架构的重建,明确职责权限和分工……"这是 CEO 郑海在高层会议上的发言。在方总和刘总看来,这些都是废话,这样的发言不止一次了,每次都是要建立财务制度,每次都是要进行公司架构重建,明确职责权限和分工。可是每次散会后,一切又照旧,没有任何变化,大家又各就各位,疲于应付日常的业务、生产和运作,再也不去执行会议上的决议。不仅如此,在方总和刘总看来,其他很多日常管理问题,CEO 郑海也都是拍脑袋决定。

四、打造公司形象,惹恼两位股东

之前青浦总部办公室,两位股东(副总)及每位部门经理都有钥匙。上个星期,郑总突然想到,这么多人都有公司钥匙,是不是会给公司员工进出公司随便的感觉呢? 这不利于公司形象与管理规范。郑总通知人事部把所有人的钥匙都收回来了,各个部门经理的,包括两位副总的。这件事引起了部门经理与副总的警觉,大家都在想,难道郑总是想独揽大权?

资料来源:"强人老大"为什么做不好 CEO?

分析与思考:

结合五力模型分析总经理郑海的领导行为。

第4章   平台型组织的沟通

【本章学习目标】

1. 掌握沟通的概念和功能；
2. 掌握平台型组织；
3. 了解一般沟通过程和平台型组织沟通过程的区别；
4. 熟悉平台型组织沟通信息传递的方式；
5. 了解平台型组织有效沟通的障碍。

【导入案例】

惠普的沟通之道

惠普的沟通之道包括走动式管理、开放式沟通、营造浓郁的家庭气氛，这种沟通之道让惠普成为一家有活力的公司。

1. 虚心倾听——走动式的管理

"走动式的管理"虽然听起来很简单，但在组织中并非每位经理都能轻松自如地做到这种管理。因为它必须是经常的、友好的，需要公司经理主动从"象牙塔"里面走出来，从实际出发，和工厂工人一起寻求问题的解决办法，并且不特别专注某个问题，不特意安排时间表。它的主要目的是要弄清楚人们的思想和意见，这就需要经理虚心倾听。

2. 建立信任——开放式沟通

"开放式沟通"意味着公司需要营造出一种员工可以畅所欲言的环境。在这种充满相互信任的氛围中，员工可以在相互之间以及向自己的直接上级公开表达他们对组织的意见和自己的想法。同时，这项政策会对相关人员的作用和责任进行明确的规定，因此经理通常也能够很快地找出令人满意的解决办法。

例如，对于员工而言，在其责任条款中规定，员工可以和直接上司讨论问题的解决方案、明朗而真实地进行沟通交流等。对于职能直线经理而言，他们的责任条款中包括公开倾听员工提出的问题和关注点，并且要给予充分理解，同时主动寻求组织中其他人员的帮助，比如寻求人力资源经理的帮助以助力员工找到解决方案等。

3. 亲密交流——营造浓郁的家庭气氛

"营造浓郁的家庭气氛"是保证亲密交流的前提。惠普创始人通过这种方式增强了员工对这种亲密的情感沟通方式的认同感。因此，"野餐"被惠普的创始人认为是惠普之道的重要内容之一。

从惠普的早期实践来看,公司每年在帕洛阿尔托地区为所有的雇员及其家属举行一次大规模的野餐活动,员工可以为活动出谋划策。比尔·休利特和戴维·帕卡德以及其他高级行政人员通过上菜的方式,使他们有机会会见所有的雇员及其家属。此外,惠普公司还采取了其他方式增加亲密交流,比如会见所有雇员及其家属等多种多样的感情交流方式。

资料来源:惠普:"开放的沟通"。

请思考:

通过了解惠普的沟通之道,请总结并扩展在企业中存在的沟通障碍以及促进有效沟通的方法。

平台型组织的核心动能不仅来源于平台自身,更来源于其广泛的外部利益相关者的协作。大量外部开发者参与互联、协作,使得平台的创新增长速度得到极大提升。那么,与一般的沟通过程相比,平台型组织的沟通过程表现出什么新的特点?哪些因素对平台型组织的有效沟通起阻碍作用?

4.1　沟通的概述

4.1.1　沟通的概念

西蒙认为,在一个组织中,成员之间决策传递的前提是沟通。

罗宾斯认为,沟通不仅是传递信息的过程,还包括沟通的内容是否被理解。他指出,"沟通不仅仅是意义的传递,还包括意义的理解(罗宾斯,2021)"。

桑德拉(2005)把沟通定义为"人们分享信息、思想、情感的任何过程",并涵盖了个体以什么样的方式进行沟通。其方式各种各样,但共性是能够赋予信息含义。

陈春花对沟通的主客体进行界定,她认为沟通是一种可以发生在组织之间、组织与个人、个人与个人及个人与机器之间的信息交流(陈春花,2016)。

个人与机器之间的信息交流体现为沟通具有技术性方面的特征,在数字化时代的平台组织,由于互补者的地点、时间不同,工作的流程不同,需要信息技术系统的协同,方能更好地配合,产生集群效应。从沟通的社会性方面来讲,沟通仍然是人与人之间的沟通,互联网科技设备是重要的信息节点端口,沟通双方之间通过这些沟通端口与其他主体发生互动(郝洁,2020)。

4.1.2　平台型组织沟通的功能

沟通的功能包括控制、激励、情绪表达和信息传递。在平台型组织中,借助于数字化工具,沟通的功能得到更进一步的强化。

（1）沟通可以控制员工的行为

员工需要按照公司的政策法规、工作说明书和组织中的权力等级来与上司沟通自己工作方面的内容。在大数据治理的条件下，管理者可以利用收集到的关于员工工作的大数据进行分析形成结果，这种单方面的监控使得沟通在平台组织中发挥着强控制的作用。例如管理者利用数字化工具所造成的信息不对称优势以及绩效评价系统的不透明性对员工进行控制（谢小云等，2021），管理者单向利用数字化设备来记录、追踪、监视、评价和反馈员工等。数字化技术使得平台上工作的零工工作者在工作如何分配、绩效如何评价的问题上基本失去话语权（Veen et al. , 2020）。

（2）沟通的激励功能

平台组织内部存在着大量的知识型员工，他们有自主管理的需要，企业运用OKR工具让个人、团队或项目自主地提出自己周期内的OKR目标，周期结束后再相互评价。管理者通过将员工的目标、结果与个人的行动进行对照来控制员工的行为，使得OKR成为管理者针对员工目标与结果的"沟通"工具（刘绍荣，2019）。根据目标设置理论，管理者与员工进行及时的沟通以反馈员工实际完成任务的情况，可以帮助员工了解自己与想达到目标之间的差异。当员工知道自己在实现目标过程中的实际成效，会在接下来的工作中表现得更好。根据强化理论，如果管理者对期望的员工行为给予认可，也会增加该行为之后实施的频率。在苹果、微软、谷歌安卓系统、亚马逊的AWS云、阿里云等技术平台搭建类平台组织中，外部员工与组织的距离较远，但通过远程沟通能够了解软件开发人员的工作进展情况，进而对接下来的工作提供相应的资源支持。

（3）沟通具有情绪表达的功能

根据马斯洛需求层次理论，员工是社会中的人，需要随时与同事进行交往互动，因此他们有被自己所属团体群体认可和接纳的社会需求。受平台中介的影响，平台组织多边展现出破碎化的性质（the fragmented nature）（McIntyre et al. , 2021），这种性质表现为在共享平台中（sharing platforms）外部合作者类型众多，典型的例子有创业提供者，甚至有时候平台用户也会转化为平台第三方软件开发者为平台做出补充。在这种性质的驱使下，使得平台工作者面对面与同事进行沟通释放情感不可能实现，因此平台提供的论坛、即时通信软件等数字化时代下催生的沟通工具成为平台外部合作释放情感的渠道，以此展现沟通的情绪表达功能，满足外部合作者的社会需求。

（4）沟通具有信息传递的功能

这是沟通最基本的功能，能让信息在传送者与接收者之间实现充分交换，如果没有及时的信息流动与交换，组织决策的有效性则难以保证。沟通为决策提供帮助，通过沟通来传递数据和资料帮助管理者形成和评估各种备选方案。同时，在互联网众筹平台组织中，通过有效的沟通能解决信息不对称的问题。一方面，在互联网创业融资过程中，存在着高信息风险和不确定性，因此信息不对称被认为是阻碍互联网融资效率的一大障碍（Strausz, 2017）。另一方面，互联网众筹在线交互情境下的沟通赋予了创业者直面投资者的社交机会，这种独特的信息机制能够传递有用的信息，并缓解信息不对称的问题（刘刚等，2021）。

4.1.3　平台型组织沟通过程 VS 一般沟通过程

1）一般沟通过程

当信息被正确传递和理解时，信息发出者与信息接收者之间进行了一场有效的沟通。信息从信息发送者传递到信息接收者之间会经历一个连续过程，被称为沟通过程（communication process）。基本沟通过程模型包括8个部分：信息发出者；编码；信息；渠道；解码；信息接收者；障碍；反馈。平台组织的沟通过程在基本沟通过程的基础上，在渠道选择、解码和反馈上呈现出自身独特的特点。

发送者、编码和信息构成待传递信息的源头。信息发出者将头脑中的想法进行编码生成信息。这种信息可以是文字、图片、声音、眼神等一切物理产品。信息发出者需要将信息进行合理的编码，从而使得接收者能够解码并充分理解信息。

渠道是信息传送的媒介。信息发出者决定信息传送的渠道。对一些紧急信息或与员工工作活动有关的信息通常采用正式渠道（formal channels）传递。对于其他一些社交信息，则采用非正式渠道（informal channels）传递。

噪声是导致信息在传输过程中失真的沟通障碍，比如信息过载、过滤、知觉问题等。

信息接收和信息的解码与反馈构成可沟通过程的最后一个部分。接收者通过自己的知识、经验将信息进行解码，通过反馈来核实发出者编码的信息与接收者解码的信息是否一致，从而判断自己有没有对信息进行充分理解。平台型组织沟通的过程如图4.1所示。

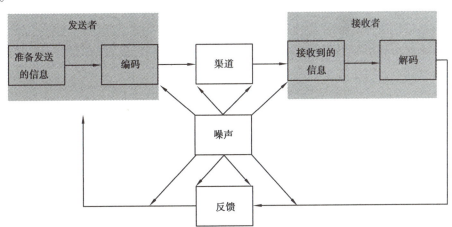

图4.1　平台型组织沟通的过程

资料来源：（罗宾斯，2021）

2）平台型组织沟通过程新形式

平台组织中存在许多非实体协作的团队，由此产生虚拟沟通。虚拟沟通是伴随非实体协作的团队而产生的互联网技术支持交流行为，而非实体协作的团队，是一种通过信息通信技术建立和支持的网络组织形式（Jarvenpaa & Leidner，1999）。虚拟沟通的特点在于沟通主体是以电子沟通的形式联系在一起的，克服物理上的分散实现办公。因此在一般沟通过程的基础上，虚拟沟通借助于数字技术帮助信息接收者对信息进行正确的理解（王滢 等，2015），并在以下沟通过程中呈现新的特点。

（1）渠道选择

在一般沟通中，面对面的语言与非语言沟通的渠道主要是声波及身体语言的表现形式，传递出来的信息类型包括声音及身体形态。虚拟沟通中的渠道以通信技术为载体，通信技术选择的多样化对应渠道选择呈现出多样化特征，例如群组通道、电子邮件通道等。不同的沟通类型需要匹配相应的沟通渠道，因为合适的渠道选择能够保证沟通的有效性，例如平台组织对员工工资条的发放一般以电子邮件为载体，如果选择群组为载体就有损信息的隐私性及权威性。

（2）解码

多样化信息格式便于接收者对信息进行解码。在一般沟通中，信息接收者只有将信息与经验、知识、文化背景相结合时，才能将获得的信号转化为正确的信息（陈春花，2016）。因此，如果接受的信号与自身知识等不匹配时，很容易造成接收者对信息的曲解。在虚拟沟通中多样化的信息格式，例如图片、视频等媒体格式有助于接收者正确地解码与理解（王滢 等，2015）。

（3）反馈

反馈的重要意义在于信息发出者了解到信息被接收。在信息爆炸时代，工作中的人每天要接收的信息很多，令信息发出者担心的一点是自己发出的信息是否被接收者接收到。张继勋等人（2015）研究表明，管理层及时回复能够影响投资者的决策。在网络互动平台下的虚拟沟通形式提供了很多先进的沟通工具来解决这个问题，比如信息发出者可以通过信息发出页面"已读"与"未读"获知消息是否被接收，通过及时的回复，提高投资者投资的可能。

4.2 平台型组织沟通

4.2.1 信息传递的方向

根据信息传递的方向不同，一般组织中的沟通方向可以分为垂直沟通、横向沟通与斜向沟通，本书只讲述前两种。平台组织中在传统沟通方向上信息传递的效率提高，并呈现出网络式沟通方向。

1）垂直沟通

垂直沟通包括下行沟通和上行沟通。下行沟通是单向沟通，是从一个层级向另一个更低层级进行的沟通，是信息经由上级流向下级的过程，很少征求员工的意见。它的主要功能有:第一,上级向下级传达工作任务、目标;第二,上级反馈给下级的工作表现;第三,上级向下级解释规章制度或提供工作指导。上行沟通是单向沟通,是从一个层级向另一个更高的层级进行的沟通,是信息由组织中下级流向上级的过程。它的作用有:第一,上级了解员工目前工作结果的方式;第二,员工通过向上级汇报目前的工作进展,从而得到上级的评价和指导。

2)横向沟通

横向沟通是指组织同一层次不同部门之间的信息交流,通过这种沟通方式可以加强部门之间的联系。例如滴滴、哈罗等需求协调者类的平台组织,员工数目多,哈罗拥有数千名员工,并且分布在全国,给跨部门、跨地域沟通带来很多不便。借助于智能移动办公平台,直接通过企业通信录共享的信息,找到相关负责人后进行工作安排就可以实现高效的协同作战了。

一般组织中,垂直沟通由于层级的原因带来了许多负面影响。在下行沟通中,信息单向流向员工,基层员工的意见无法反馈,参与感低。而上行沟通虽然能够弥补下行沟通的不足,但是在信息向上的传递过程中,也会由于层级的增加而导致大量的有用信息被过滤。在平台组织中,受益于数字化技术,垂直信息的传输越来越便利。

首先,负责沟通、整合与传达信息的中层管理者被架空,组织的层级越来越扁平。例如,在滴滴出行,一线员工向上三级就可以将信息传达给 CEO,极大地提高了沟通的效率。

其次,虚拟沟通借助智能办公平台上多种功能,例如用工作日志来汇总工作并发布在平台上,组织中任何员工都可以评论、点赞、分享,让每个员工优秀的地方能够及时被领导发现。

最后,在审批方面,过去各部门分工明确,项目决策需要多部门协调,进度难以把控,严重妨碍其他工作。移动化的审批实现了平台组织无纸化的办公并提升了审批流程的速度,比如钉钉中的审批功能中可以灵活设定流程表单与审批人,移动化快速审批。除此以外,还会有侧重地针对内部高优先级的审批流程进行重点流程的推进。

因此,智能化沟通工具将组织内层次式信息结构转化为网络式信息结构,将组织内以纵向渠道为主的信息沟通结构转化为网络式信息结构(章文光 等,2021)。

4.2.2　信息传递的方式

1)人际沟通

人际沟通是指群体成员之间传递信息的方式,有 3 种方法:口头沟通、书面沟通、非言语沟通。

(1)口头沟通

口头沟通是任何借助语言进行信息的传递与交流,例如电话沟通、单独或群体讨论。口头沟通的优点有两个:对于信息发送者来说,能够让信息快速地传递出去并被信息接收者所接收;对于信息接收者来说,能够快速反馈信息,及时核实自己是否正确理解信息。口头沟通的缺点在于容易造成信息的失真,主要体现在两点。

第一,在垂直沟通中,信息经过多层次、多人传递后,会导致信息失真的可能性增加。在平台组织中,借助大量先进的数字化沟通工具,使沟通可视化。这种通过数字化沟通工具中介的沟通,叫作虚拟沟通。虚拟沟通意味着不借助中介人员来进行信息内容的传递,避免了传统组织沟通网络中的轮式沟通网络,实现每个人都能全程参与。例如洛克是一个共享设计师的互联网平台,在针对订单进行沟通过程中,所有订单涉及人员都需要参与,一些基本人员包括"邦女郎""邦德"及企业用户。其中,"邦女郎"属于沟通中的中介人物,基本核心任务是串联设计师与企业。这意味着为了成功完成这个任务,在每个项目中她都需要扮演"传话筒"的角色。但是采用这种方式的另一个成本是客户与设计师无法直接沟通,常常会产生设计满意度低等问题(陈威如 等,2021)。平台随后采用钉钉软件作为数字化沟通工具,构建了一个客户、设计师与项目管理者都能够全程参与的标准化服务作业流程(SOP),实现了沟通的可视化,项目进展更加顺畅,整个团队更加融洽。

第二,信息内容遗漏和失真。在数字化时代,员工每天要吸收大量的信息,采用口头沟通可能会造成信息接收者很难再次复述对方所要表达的真正含义,造成工作的失误。虚拟沟通中的多种沟通工具提供了转发、记录及截图的选择,能够将信息及时保存下来,时刻保持沟通双方信息的对称性,方便员工随时查阅自己想要的信息内容及完整地重述对方当时所要表达的真正含义。

(2)书面沟通

书面沟通是指任何借助于文字进行的信息传递与交流,比如组织内部发行的通告、即时通信、电子邮件等。书面沟通的优点:第一,有记录便于保存,后期对信息不确定时方便核实,弥补了口头沟通的不足;第二,借助于书面沟通,信息发出者可以周密地思考信息的内容,使得信息呈现更具有规范性、逻辑性,便于信息接收者进行解码。书面沟通的缺点:第一,在同等条件下,传递的信息量少于口头沟通;第二,不能即时收到信息接收者的反馈。

(3)非言语沟通

非言语沟通是指借助非正式的语言符号进行信息传递,例如表情符号、肢体语言、语调等。一方面,口头沟通过程会伴随不同类型的非言语沟通,对信息接收者解码信息和理解信息带来影响;另一方面,在书面沟通中,文字不能反映出非正式的语言符号,不能提供额外的信息便于信息接收者进行理解。

2)组织沟通

(1)正式的小群体网络

美国心理学家莱维特认为组织中常见的一般沟通网络有链式、Y 式、环式、轮式、全通道式(Leavitt,1951),如图 4.2 所示。

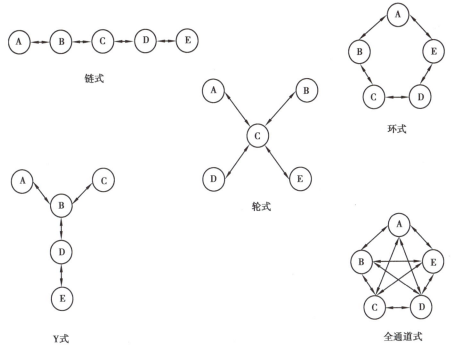

图4.2 正式的小群体网络

①链式的沟通网络。这种沟通模式具有以下特点:首先信息传递的方向是单线的,没有横向联系。其次是沟通范围比较狭小。

②Y式的沟通网络。与链式沟通相同的是,信息在Y式沟通网络中也是逐级传递的,但是在层级一、层级二与层级三之间构成了一个轮式沟通网络。

③环式的沟通网络。这个形式的沟通与链式沟通相比有一个很大的区别是沟通网络是一个封闭的控制结构,这意味着任何人发出的消息最终都会得到反馈,这种反馈有利于沟通更好地进行下去。

④轮式的沟通网络。在这种沟通模式中,中间人作为信息的汇聚点与其余人进行沟通与交流,其余人之间不存在沟通联系。相比于成员之间需要大量协作的组织,对于成员之间需要较少协作的机构这种沟通网络的适用性更强。

⑤全通道式的沟通网络。两两成员可以直接进行沟通。直接沟通意味着削弱了管理者的控制,也保证了信息即时传播。

垂直的沟通网络如链式和Y式,沟通信息交流量少,信息传递的方向单一,遵循严格的层级系统。相比之下,环式的沟通网络虽然能够让员工得到反馈,但是沟通的自由度太小,适用于小型组织。轮式的沟通,强调管理者的中心作用。一般来说,如果一个项目需要进入紧急阶段时,可以采用这种方式,通过让领导者加强控制做出快速决策,但是这种沟通网络没有考虑其余成员的意见。在平台组织中,管理者与员工是合作伙伴关系,项目是多方部门参与,最终决策需要通过整合多方建议,因此轮式沟通适用性差。

理论研究中缺少对平台型组织信息传递方式的研究,根据平台组织在实践中使其能够通过灵活的项目形式组织各类资源,形成产品、服务、解决方案,满足用户的各类个性化需求的做法,认为全通道式的沟通更有利于项目的推进与平台组织沟通效率的提高,同时智能移动平台等技术为全通道式沟通创造了更好的网络沟通平台,在一定程度上有助于提高组织沟通的有效性。

（2）小道消息

小道消息是非正式的沟通系统,它通过成员之间闲聊的方式进行传播,对于任何一个组织沟通网络来说,它都是其中的重要组成部分。小道消息的优点:第一,所传递的消息具有非正式性,能够表露员工真实的想法;第二,能够表达员工强烈的情感,促进沟通双方之间的友谊。小道消息的缺点:信息的真实性不能保证,并且不受管理层控制。

从管理者的角度说应当采取措施弱化小道消息的不良影响而不是消灭它们。可以采取的措施有:第一,小道消息容易产生大量流言,管理者防止流言最好的方法就是在正式沟通中提供足够的信息;第二,公开解释员工觉得不公平的决策;第三,鼓励员工发表自己的观点和建议。

（3）虚拟沟通

电子沟通是当代组织必不可少的沟通手段,例如电子邮件、即时通信（QQ、微信等）下的群组沟通。由于新型ICT技术支撑下的虚拟沟通快速发展,因此在虚拟沟通中增加了如智能客服、直播会议等新型电子沟通方式,助力平台型企业在数字化背景下迅速发展。接下来,我们将重点讨论在平台组织中常用的沟通媒介:电子邮件、即时通信、智能客服和直播会议。

①电子邮件。电子邮件是借助计算机或者移动通信来收发文本进行沟通的方式,它是最先获得广泛应用的互联网通信方式。使用电子邮件反馈员工工作表现时需要注意,在传递负面反馈信息时最好当面进行反馈,谨慎使用电子邮件。

②即时通信。即时通信是借助计算机或者移动通信设备来即时发送和接收互联网信息的业务。通常在即时通信进行沟通时采用的是群组沟通模式,分为纵向群组沟通与横向群组沟通。纵向群组沟通是如销售部、技术部、市场部等企业基本的组织单位之间的沟通,通过建立基础的纵向群组可以让每位员工找到在组织中的基本定位和工作范围以及职责。横向群组沟通主要是以处理特定项目、随机主题问题为主的沟通。有效的群组沟通需要借助网络通信工具提供保障,互联网时代为我们提供了许多网络通信工具,如钉钉、QQ、微信、云协作软件等,帮助我们更好地管理群组沟通。在享受便捷性的同时,我们也需要注意使用这些工具时的一些注意事项:

第一,注意每个群组中的人数。最合适的群组人数取决于需要讨论和解决的问题。群组人数较多的情况适用于跨部门、跨公司及跨领域的信息沟通与资源对接。群组人数较少的情况适用于有针对性地讨论某个项目时,一般来说,组别人数6~8人是最好的,同时针对同一项目问题的不同子问题,可以建立多层次的群组,缩小群组沟通人数,实现"集中力量办大事"。

第二,减少支持能力较弱的群组数量。每个人所在的群组数量取决于个人办事的效率、对时间的感受以及能提供的资源。对于信息管理能力强的人,其办事效率高、对时间的感受敏感以及能提供的资源广,因此这个人可以参与的群组数量可以多达几十个;对于支持能力弱的人,群组数量则较少,只有 1~2 个。

③线下会议。采用线下开会的沟通模式意味着员工在同一个时间段只能处理某个特定主题的事情,每个事情之间是串联关系。但是在虚拟沟通中的群组模式下,员工可以在多个群组之间实现多任务协作。所谓的多任务协作并不是在一个时间段处理很多事情,而是充分利用零碎时间,在每个时间间隔里面都可以处理和反馈工作。在纵向的群组沟通中,一个人可以实现从单一部门跨向多部门处理多项工作,在一定时间获得更多的信息,完成任务,提高工作效率。

④智能客服。对于平台组织来说,拥有员工数目众多,以美团为例,拥有的员工数量多达几万名。内部员工、外部骑手和团长之间有大量的沟通诉求,通过人力以面对面的方式进行沟通不太现实,这时就需要高效的沟通方式。在一般组织中,客服是组织中的员工,其工作职责是在用户体验不完美时,帮助用户体验顺畅。智能客服是通过更高效的方式让用户的问题得到自助解决,只有高度不确定和复杂的问题才转为人工解决。智能客服有问题推荐、问题理解、对话管理及答案供给等核心能力。

第一,问题推荐。问题推荐是智能客服用来解决员工基础问题的。以多目标学习的 ESSM-FM 模型为基础,将员工的问题定义为"曝光、点击、解决"。当员工进入沟通界面后,智能客服首先要做的是引导员工如何精准地表达需求,这样可以降低员工的迷失从而转向人工客服。

第二,答案供给。智能客服根据员工输入的问题给予答案的供给,根据不同的数据源有不同的回答技术。针对企业基础的信息,利用企业基础信息构建图谱,通过理解模型来理解问题,进而查询图谱获得准确的答案。对于政策内容的数据源构建文档答案,针对用户问题利用机器阅读理解技术从文档中抽取答案。

⑤直播会议。直播会议是指位于不同地方的人,通过网络通信技术来实现虚拟会议。为了促进组织与开发者之间的沟通,帮助构建同类领先的 App 和游戏,Apple 在 2021 年 10 月 21 日启动了 Tech Talk 2021。Tech Talk 2021 以直播为主要形式,与垂直沟通的单向沟通特征不同,这种沟通方式是双向沟通。一方面,全球开发者通过与 Apple 公司内部的专家交流,深入了解新技术,并提出自己关于开发软件的疑问,接受一对一指导;另一方面,这种沟通渠道成为 Apple 公司获取来自开发者直接反馈的新方式,比如了解开发者在开发 App 时的经验。Apple 全球开发者关系副总裁 Susan Prescott 表示,"我们的团队期待着与全球更多开发者进行沟通,以便更好地支持这个我们无比珍视的群体及其重要工作,倾听他们的声音,向他们学习"。

4.3 平台型组织有效沟通障碍

4.3.1 信息过载

信息过载是指当需要处理的信息超过员工的信息加工能力时出现的现象（罗宾斯，2016）。借助电子沟通媒介，平台组织中的沟通量增大时，更多员工参与讨论，带来的好处是信息偏差降低了。但过载的信息量会给员工带来一定的压力，因此他们会过滤信息或忽略信息，直到信息量降低到员工信息加工能力可以处理的范围，但是这种信息处理方式会造成信息的丢失，沟通效果受损。

4.3.2 过滤

过滤行为的实施主体有两种。第一是信息发出者的过滤行为，即信息发出者有意操纵信息，使信息接收者更容易接受信息。第二是信息接收者的过滤行为，即当信息出现过载时，为了使得信息量降低到自己能够处理的能力范围而实施的信息筛选行为。第二种情况在上一部分已经讨论过。对于第一种情况而言，只要组织中存在地位差异，就会导致在上行沟通中出现过滤行为，导致信息失真。

4.3.3 情绪

对同一份消息，处于不同情绪时对它的解读会有所差异。相比于狂喜情绪，极端消极的情绪最可能阻碍有效沟通，导致员工采取情绪化的判断。

平台组织的沟通以虚拟沟通的形式展开，而虚拟沟通的一个显著特点是电子通信中介（Computer-Mediated Communication，CMC）。在电子通信的中介下，信息发送者与机器直接发生联系，使得沟通更加结构化与技术化。比如在使用电子邮件进行沟通时会使得传递的信息变得生硬，因为这种方式缺乏非言语沟通来表达信息发出者的情感信息。同时，因为不与人直接发生联系，沟通丰富度降低，信息传递缺少人性化，个体间交流的亲切感消失了。以上几点原因会导致个体交流时产生消极情绪，从而影响沟通的效率。

4.3.4 语言

一方面，"全球开放整合型"的平台组织中信息受众的类型存在差异，导致不同文化背景、认知水平、经济状况、年龄和社会阶级的员工对同一条信息的反应与理解会不同。

平台型组织的开放性使企业业务集群处于动态更新中，不断有多元化的外部开发者带着新的解决方案涌入平台，组织劳动力构成呈现多元化特征。例如为了加强与外部开发者的沟通协作，Apple 最近开展了一个叫 Tech Talk 2021 的演讲，演讲以在线直播的形式在全球多个时区的 Apple 零售店内展开，举办地点包括印度的班加罗尔、美国的加利福尼亚州库比提诺、英国的伦敦、墨西哥的墨西哥城、巴西的圣保罗、韩国的首尔、中国的上海、新加坡、澳大利亚的悉尼、以色列的特拉维夫和日本的东京。来自不同国家的开发者具有不同的价值观,这种文化差距要求沟通中信息的准确性更高(资料来源:苹果官网)。

另一方面,即使用同一种语言进行沟通,同样的词汇对不同的人来说也会有不同的理解。

4.3.5　二级受众

平台组织中存在一对一、一对多、多对多的沟通。一对一沟通的私密程度很高,信息只在沟通双方传递。一对多和多对多的沟通则存在大量的二级受众,具有公共属性与信息的延展性(郝洁,2020)。二级受众是相对于一级受众而言的,他们并不是信息的直接接收者。换句话来说,他们以非直接方式接触到信息发出者发出的沟通信息。信息的非直接接收者是指没有被信息发出者认为是信息接收者的信息受众。

在存在大量二级受众群组沟通中,群内成员能将在群内看到的信息转发到其他网络平台上,其他信息群的成员可以再进行转发将信息传递延伸出去。经过多次这样的过程,使信息的阅读量呈现指数型增长。

本章小结

沟通的功能包括控制、激励、情绪表达和信息传递。借助于数字化工具,沟通在平台组织中发挥着更强的功能。

有效的沟通是指信息被正确的传递和理解。沟通是信息从发送者传递到接收者会经历的一个连续的过程。沟通过程模型包括8个部分:信息发出者;编码;信息;渠道;解码;信息接收者;障碍;反馈。平台型组织中的虚拟沟通借助于数字技术的帮助在渠道选择、解码及反馈3个沟通过程步骤中呈现新的特点。

一般组织中的沟通方向根据信息传递的方向不同可以分为垂直沟通、横向沟通与斜向沟通。平台组织沟通借助智能化沟通工具将组织内层次式信息结构转化为网络式信息结构,改变组织内以纵向渠道为主的信息沟通结构为网络式信息结构,提高信息传递的效率。

组织中信息传递的方式有人际沟通和组织沟通。人际沟通是指群体成员之间传递信息的方式,有3种方法:口头沟通、书面沟通、非言语沟通。

组织沟通中同时存在正式沟通系统、非正式沟通系统及虚拟沟通。①正式的小群体网络。组织中常见的正式的小群体网络有链式、Y式、轮式、环式、全通道式。平台组织多采用全通道式的沟通方向,同时借助智能移动平台等技术提高沟通的有效性。②小道消息。小道消息是非正式的沟通系统,它通过成员之间闲聊的方式进行传播。对任何一个组织沟通网络来说,它都是其中的重要组成部分。③虚拟沟通。虚拟沟通是将地理分布、功能或文化多样化的单个员工、团队、部门单位或公司这些实体通过电子沟通的形式联系在一起,并依靠横向动态关系进行协调。平台组织中常见的虚拟沟通媒介包括电子邮件、即时通信、智能客服和直播会议。

平台型组织有效沟通的主要障碍有:①信息过载;②过滤;③情绪;④语言;⑤二级受众。

【复习思考题】

1. 什么是沟通?沟通的功能是什么?

2. 简述一般沟通的过程及平台型沟通在哪些步骤呈现出新特点?

3. 平台型组织的沟通在信息传递的方向上表现出哪些新特点?

4. 平台型组织的沟通方式有哪些?请举例说明。

5. 描述阻碍平台型组织有效沟通的障碍。

【案例研读】

沟通渠道建设——来自通用电气的实践

当通用电气总裁杰夫·伊梅尔特被问及9·11事件后他第一次上任的想法时，杰夫·伊梅尔特表示，"沟通"是他首先想到的事情，他希望与全世界的通用电气员工分享自己的想法和公司的战略，员工也可与他沟通，建立互相理解和共同努力的环境，以达致共同目标。从战略角度来讲，公司最高层认为，沟通是公司发展战略最重要的部分之一。那么通用电气的沟通渠道是如何建设的呢？

1.GE的沟通渠道

通用电气有13个独立的业务部门，加上公司的不同职能部门，如何确保有效的沟通，推动公司的变革，推动每个项目的进展，真的不是一件容易的任务。但是对于通用电气公司来说，沟通是快速而简单的。因为沟通方式多种多样，但是目的却只有一个，保证信息的畅通、沟通的顺畅。

不流于形式的Open Door政策同样在GE实施。GE也成为奉行Open Door政策最坚决、最彻底的公司。因为其创始人杰克·韦尔奇最不喜欢的就是那些平时摆出一副官僚嘴脸的人。正是因为这样，他绝对不雇用那些不重视下属的，以自我为中心的经理人。所以，Open Door政策得以在GE实施，成为员工上下级沟通的有效渠道。

2.无边界行为

通用电气很大，拥有13个业务集团，营业额超过13 000亿美元，员工10万人。但通用电气要求其员工不要把自己看成一家规模庞大、不受规模负担的公司，而是一家小型、灵活的公司。

在"无边界行为"理念下，GE打破13个业务集团的界限，广泛地进行横向交流。比如按照不同职能部门，建立许多松散的组织、协会。这种职能上的协会的沟通活动包括就激励方法进行畅谈，对价值观的感受进行交流。

3.员工大会

通用电气定期召开员工会议，会议通过卫星和网络进行现场直播。例如每隔一两个月，在不同的地区或全球范围内为不同的问题进行直播。这种沟通是互动的，在通用内部有各种各样的媒介，与网络一起构成了沟通平台，及时发布公司的最新信息和管理动态。通过这些渠道，全球逾30万名通用电气员工最终可以获得有关通用电气领导人和高级管理层的想法及公司发展目标和政策变化的第一手信息。

4.CEO民意调查

这项调查每年进行一次，通过第三方专业咨询公司进行，旨在对全世界的员工进行管理。调查包括他们是否喜欢通用电气的价值观及他们是否满意目前的工作等。通过这种调查，公司的首席执行官会对全球员工的想法，他们对公司的满意程度，以及他们能给公司什么样的建议，有一个非常客观的看法。

5. GE 的群策群力

杰克·韦尔奇受自己在克劳顿与学员的课堂交流方式的启发,决定在整个 GE 推行"群策群力"计划。

在"群策群力"会议开始时,经理可能到场提出一个议题或安排一下议程,然后就走了。由外部人员启发与引导员工进行自由讨论,员工可以把自己的问题列成清单,认真地对这些问题进行争论,然后准备在经理回来时反馈。

在"群策群力"会议上,GE 要求经理必须对每一项意见都要当场做出决定。大多数问题必须当场给予明确的答复,如果有些问题不能当场回答,应在约定时间内完成问题的处理。任何经理都不能对员工提出的意见或建议置之不理,这对消除官僚主义起到了巨大的作用。

"群策群力"计划为 GE 高层再次证实了他们的认识:距离工作最近的人最了解工作。通过"群策群力"计划,GE 从员工那里得到了许多宝贵的意见和建议,为 GE 创建了一种能够平等交流与沟通的文化。通过这种沟通,每一名 GE 员工的想法都能得到重视,每一名员工都能够发挥各自的作用;而经理通过对员工教练式的指导,也最终取得了良好的领导效果。

资料来源:沟通渠道建设,GE 是怎么做的?

分析与思考:

1. 讨论通用电气是如何保证与员工进行高效地沟通。

2. 结合前面章节学过平台型组织共同的特点,分析平台型组织可以借鉴通用电气公司的哪些沟通实践来进行有效沟通。

第5章　平台型组织的公平问题

【本章学习目标】

1. 了解传统的组织公平理论；
2. 掌握平台组织与员工的关系特征；
3. 了解算法决策下的不公平问题及影响；
4. 掌握平台组织中不公平问题的治理。

【导入案例】

有网友爆料称自己在携程购买机票时，因为没有填写报销凭证，于是退出重新填写，退出前机票的显示价格为 17 548 元。不料退回重选时，被提示无票，随后重新搜索机票时，价格已涨至 18 987 元，而同样的机票在海航官网只需要 16 890 元。

此外，也有很多人透露，滴滴的定价因人而异，现有用户比新用户支付的价格更高，苹果手机用户的价格高于安卓手机用户。

2021 年 1 月 7 日，据新闻报道，半个月前，43 岁的某外卖平台骑手韩某在配送了 33 单外卖后，倒在了第 34 单外卖配送途中。经警方调查，韩某系猝死。其家属在追究其工伤保险责任由谁承担时，被该外卖平台告知，韩某与平台并无任何关系，平台出于人道主义，愿给家属提供 2 000 元。除此之外，韩某唯一的保障就是自费购买的 1.06 元意外险，保险公司称，猝死只能获赔 3 万元。

资料来源：蒙慧欣. 如何看待外卖骑手与平台之间的关系[J]. 计算机与网络，2021，47(2)，6-7.

请思考：

在大数据背景下，依靠算法完成的交易越来越多。互联网平台依靠不断升级的算法向消费者提供更高效、丰富、精准的全领域优质服务。但在提高交易效率的同时，算法的不透明性与难解释性也在一定程度上侵害了消费者的公平交易权。同时，在零工经济环境中平台与工作者的矛盾也愈发突出，对于平台和工作者之间的关系及纠纷的处理都没有明确认定和统一定论。所以在平台组织、零工经济中，平台组织和员工的公平问题也变得尤为重要。

5.1 组织公平理论

公平理论是一种激励理论,由美国行为科学家斯塔西·亚当斯提出。该理论偏向研究薪资报酬的分配合理性、公平性对职工生产积极性的影响。

组织中的公平分成两个层面,第一个层面是组织公平的客观状态,即不断完善各种组织制度、建立对应的程序和措施以实现组织公平。第二个层面是组织公平感,是指人们认为组织或单位内与个人利益有关的组织制度、政策和措施是否公平的感受。

刘亚等人(2003)指出在组织或单位中个体对公平的感受,就是自身利益受到组织政策和规章制度影响时,个体感觉是否公平的感受及依据规则自己的利益是否受损的感受。Deconinck 和 Bachmann(2007)也认为组织公平感是在组织内部,个体或团体对组织对待的公平性的感受。在组织行为学中,对公平问题的讨论实际上主要是对组织公平感的讨论。

5.1.1 分配公平

分配公平,也可以称为结果公平,指的是员工对组织报酬在分配结果上是否公平的感受。大量研究表明,分配的不公平会对员工的工作绩效与工作质量产生消极影响,具体表现有减少合作、工作积极性下降等。

众所周知的公平理论由美国的心理学家亚当斯提出,公平理论也可称为社会比较理论。亚当斯在公平理论里强调,对报酬数量公平性的感受是员工公平感的主要来源。员工总是将产出除以自己对组织的投入——产出即分配的结果和在组织中得到的回报,投入即个人拥有的勤奋、才能、教育、经验等,然后和其他人的产出与投入之比进行比较。当两者的结果之比不相等时,员工内心就会产生不公平的感受。而且,通过比较产生的这种不公平感会让员工产生紧张、焦虑、苦恼的心态,在这些心态下,员工会力求解决方法来重建公平。重建公平的手段包含两个方面,一个是心理上的,另一个是行为上的,例如,更改自己的投入和产出、对自己的能力进行重新认知、采取行动改变他人的投入和产出、更换比较对象、制造矛盾发泄怨气、选择离职等。

5.1.2 程序公平

程序公平指的是处理事件与进行决策的过程与程序方法,对事件当事者和利益相关方来说都是公平的。在这个过程中,不存在处理与决策过程的结果因人而异、不公正、不合理的现象。程序公平感指的是员工对报酬决策方法与过程的感知,即程序是否公平的感受。如果员工认为决策过程对他们来说不公平时,就会打击他们的工作积极性,让他们产生更多的怠惰行为,降低工作效率,并且会降低他们对组织的承诺,产生较高的离职倾向。在 1980 年,莱文瑟尔(Leventhal)提出了 6 条标准来实现程序公平,分别是一致性规则、无偏见规则、准确性规则、可修正规则、代表性规则、道德与伦理规则。

①一致性规则,即对于不同的人员或者在不同的时间,分配程序应保持一致性。

②无偏见规则,即在分配决策的过程中应该摒弃个人的私利和偏见,保持一种公开透明性。

③准确性规则,即决策应尽可能依据正确而充分的信息。

④可修正规则,即决策应有机会进行修正。

⑤代表性规则,即分配程序能代表和反映多数相关人员的正当利益。

⑥道德与伦理规则,即分配程序必须符合社会可以接受的普遍的道德与伦理标准。

莱文瑟尔的 6 条标准大体上体现了实现组织公平的主要程序内容。员工的公平感在组织严格按照这些要求执行的情形下能够迅速得到提升。对于一个领导者来说,他为了实现程序公平,就需要制订具体的行动要求,即制度设计的严谨和实施与监督的透明。

①制度设计的严谨。程序公平是一种基于事件处理过程的制度设计,其目的在于保障公平的实现。程序公平要求程序设计者在对影响这个过程的各种因素进行综合考虑之后,制定一套制度与法制,确保公正与公开透明,进而在同一个程序中,事件当事者和利益相关方的合理合法权利与利益诉求能够得以实现。除此之外,公平的实现方式还有起点公平、结果公平。

②实施与监督的透明。除了在制度设计上要求严谨和不偏不倚,程序公平还要求在实施事件处理及监督的过程中,用来指导的制度和流程是开放与透明的。另外,在事件处理过程中,程序公平还要求事件当事方与利益相关方的地位平等,如此才能体现程序公平的公平诉求。因此,程序公平的实现必然要求起点公平。

例如,为了确保在公务员考试招录中,满足要求的公民都能够有效地报考,并让这些公民能够公平地竞争这些职位,确保国家在招收公务员的程序设计上达到公平公正,那么一套完整的公务员考试与招录制度就必不可少。在这个制度下,制度设计者必须充分考虑各种可能会产生不公平的因素与可能,使参与方的公平竞争地位通过制度设计与监督的透明来实现,并且为了确保程序实施中的公平,必须在程序实施上设立对不公平情况的有效反馈与惩罚。

5.1.3　互动公平

互动公平也可称为人际关系公平,指的是人们既重视结果和程序的公正,还重视人们在互动交往过程中对公平的感受。信息提供者需要对员工的反应做出回应,因为无论是在分配结果公平还是不公平的情况下,员工都会在获得信息的过程中对信息产生反应。进一步地互动公平被 Greenberg(1993)划分为人际公平和信息公平两种。

1) 人际公平

人际公平主要体现在执行程序或决定结果时,员工认为自己是否受到尊重的感受,例如领导或上级与下属相处时是否有礼貌、是否考虑到下属的尊严、能否友善对待下属等。

人际公平在一定程度上可以改变员工对既定结果的感知与评价。例如,通过人际互动的方式加强关系联系来减少敏感性,通常能使人们接受那些不太满意的结果并且不会抱怨。

2)信息公平

信息公平是指员工在组织进行信息沟通时,是否具有合法权利得到公平的信息。例如,上级是否向下属传达了应有的信息,是否向员工解释清楚为什么要采用特定的方式,以及为什么要用某种形式的程序来分配结果等。

改变人们对程序的反应是信息公平的主要用途(陈忠卫,潘莎,2012),这是由于人们可以利用必要的信息来充分理解事件的本质,进而合理评价组织的决策过程。

5.2 平台型组织和员工的关系特征

互联网时代下产生的零工经济引发了各界的关注与研究,其发展主要依托互联网和新兴科技的应用,在此作用下雇佣模式不再只是单一的传统雇佣,它正在朝向传统与新型相结合的方向发展。而以一种更为灵活的工作种类、时间和形式出场的新型用工模式,给劳动者带来了传统雇佣中没有的一系列新变化。这种新变化主要体现在工作方式自主化(Petriglieri et al., 2019)、雇佣关系短期化(Vallas & Schor, 2020)、工作项目任务化(Meijerink & Keegan, 2019)和劳动付酬市场化。

5.2.1 工作方式自主化

在数智化时代,劳动者的工作通过零工经济的用工模式得到了极大的自主权、自由度和灵活度。平台企业不对劳动者的工作时间、工作地点、工作日程等进行具体要求,劳动者的工作自主安排不会受到太多干预。远程办公使得组织对人的角色行为降低了传统工作中的清晰要求和期待,个人拥有更高的自主性,劳动力由"被雇佣"转变为"自我雇佣",他们可以自主决定上下线时间和在线时长,并且有全方位的自主权决定工作的种类、时间、地点、方式等(郑祁,杨伟国,2019)。大部分选择从事零工工作的劳动者,是因为有更多自主性和灵活性的独立工作比传统工作可以获得更多的收入来源,能让他们有机会培养多样化技能,并能为劳动者匹配良好的工作机会。

5.2.2 雇佣关系短期化

大量就业人口因为流动资本周转加快和信息化对工作岗位的缩减,从而从固定工作岗位中脱离了出来,成为自由职业者、小时工、自雇型劳动者(王彬彬,李晓燕,2018)。传统的雇员-雇主二元关系受平台零工经济的冲击(Meijerink & Keegan, 2019),零工工作者不再是传统劳动关系下的员工,他们与平台只建立短期的交换关系。他们不受雇于特定的组织,而在某种意义上是自由职业者,通过平台为需求者提供产品和服务。可以按照工作时间的长短,分为专职和兼职,如外卖平台中的专送骑手和众包骑手,直播平台中的签约主播和未签约主播。

5.2.3　工作项目任务化

零工经济的用工方式具有任务化的特征(班小辉,2019)。零工工作者的工作持续时间有限,工作内容以任务或者项目为单位,不具备稳定和直接的劳动关系,游离在平台管理、劳务外包或派遣和自我管理之间。这种任务化模糊了用工关系的持续性、人身从属性、组织从属性及经济从属性,进一步推动了去劳动关系化现象的发展。

从本质上看,劳务和工作的提供具有不确定性是零工经济的核心,双方只有在每次任务达成一致后,才承担相应的义务。零工经济的任务化用工可以解释为零工经济的目标是实现按需劳务,其基础是互联网技术。同时,在这种背景下的用工匹配具有间歇性。

5.2.4　劳动付酬市场化

平台型组织打破了以往的上下级关系,不论是企业还是员工,真正的上级都是用户,原本的"企业付薪"变成了现在的"用户付薪",员工需要为用户创造价值才能获得薪酬,实现真正的"按劳分配"。

比如海尔平台化进程中的"按单聚散"和用户付薪。按单聚散是指聚焦于用户的需求,各个小微自行汇集提供能够满足用户需求的产品或服务,用户通过购买行为来对小微的绩效进行评价,当市场绩效远高于大股东海尔事先设定的标准线时,小微获取的利润分成就越大,也就是用户评价决定市场绩效,市场绩效决定小微薪酬。同时"按单聚散"具有动态优化的作用,如果小微持续未能完成预定目标,则会面临被打散的风险,倒逼小微快速迭代(张敬博 等,2022)。

5.3　平台型组织基于算法的不公平问题

5.3.1　算法分配公平问题

"互联网+服务业"中衔接商品服务供应方和客户的关键环节是网约配送员,他们也是物流配送体系的有机组成部分,是实现商品价值的"最后一公里"(郎唯群,2021)。网约配送员按完成平台提供的订单来收取计件报酬,是典型的数字零工,但平台经济的现实情况却是配送员的收入并没有反映配送服务创造的价值。

外卖骑手收到的配送费是算法根据规划的送餐距离和时间支付的,如果路程缩短时间减少时,就意味着配送成本被压缩了,利润增加了。叶韦明和欧阳荣鑫(2020)的调查研究表明,每天工作时长达 9~14 个小时是大部分外卖骑手的常态,平均每周工作超过 6 天。美团自己统计的每日工作时间远远小于这个工作时间,因为美团只统计外卖骑手送单的时间,这样仅有 5% 的外卖骑手每天工作时间超过了 8 个小时。但现实情况却是,外卖骑手的工作状态被分为送单和等单两个部分,因为外卖骑手不能预知通过算法派送的订单,为了让算法可以依据自己的位置优势把订单派给自己,同时尽快完成送餐,在送餐之间的间隔时间里,外卖骑手聚集在外卖较多的商家门口等待,通过熬时间来赚取配送费。这实际上是一种紧张的在线等单状态,属于工作时间而不是休息,并且通常等单时间要远远超过送单时间,外卖骑手的劳动时间在无形中被拉长,但他们高强度劳动并未获得与之相匹配的高收入,他们的回报与平台公司的天价市值形成了巨大的反差。

5.3.2 算法程序公平问题

随着大数据、人工智能和机器学习等数字技术的蓬勃发展,很多机构开始尝试在决策过程中引入 AI 算法,用来避免人类决策过程中固有的偏见。能否实现程序公平依赖于决策程序是否提供精确的信息、是否透明和一致适用等。但因为算法决策的过程本身不具有透明性,加之不易被理解的复杂运算过程并缺少必要信息的披露,使众多工作者感到决策程序是不公平的,从而产生消极情绪,降低工作积极性,导致管理行为的有效性降低,增加员工离职倾向。

目前,人们还没有真正了解机器学习算法是如何在不断变化的市场环境中适应并优化自己,"黑箱"问题存在于算法的运作过程中,即基于神经网络的深度学习,将抓取的数据从输入转化为输出结果之间存在不可观察的空间,算法内部运行的程序通常是不透明的,进而导致员工体验到更低的程序公平感(裴嘉良 等,2021)。

对于平台劳动者来说,其劳动过程基本已由应用系统规划,劳动者在平台上的任何操作都在互联网企业已经设定好的程序范围内,平台可以随时监督控制劳动者的劳动过程。例如外卖平台在平台系统中引入机器学习、运筹优化、仿真技术等最新的互联网技术,宣称可以实现订单与骑手的动态最优匹配(沈锦浩,2021),但在实际应用中,算法测量的配送速度通常忽略了各种影响配送速度的不可控因素,这是一种理想速度,在实际操作中会产生一系列现实问题。每一单外卖派送任务平台都有严格的时间限制,即使用户对超时订单不进行投诉,平台依然会对外卖骑手做出相应减分,因此为了不超时,外卖骑手只能将个人力量发挥到极致,算法的漏洞与盲区需要通过超速、逆行、闯红灯等交通违法行为来弥补,这给他们自身和其他人员造成了巨大的人身安全风险。虽然平台在这种问题的处理上有申诉机制,但事实上,骑手的申诉权利只是一种形式上的权利,往往都会石沉大海。

5.3.3 算法人际公平问题

平台对员工进行管理的普遍方式是消费者的评价机制,这一机制对员工的情感劳动有了更高的要求(沈锦浩,2021)。在大多数平台上,消费者对员工工作评价是单向的,一旦某个员工收到差评,申诉辩驳成功的可能性非常低。即使也有提供双向评价机制的平台,但由于员工对消费者的评价很少会触及消费者利益,而消费者对员工的评价则与其利益直接相关,因此在实质上还是一种对网约平台员工不公平的规则设计。因为单向评价机制的存在,即使平台员工在劳动过程中只是与顾客短暂合作,也必须谨慎地处理双方之间的关系,所以,他们不但需要在体力劳动上全力投入,还需要在情感上付出,以获得顾客的认可,这明显不是一种平等的人际关系。

5.3.4　算法信息公平问题

在平台劳动力市场中,依赖平台工作或以平台工作为主业的员工必须按照平台制订的劳动规则工作。信息与数据的垄断已经在平台形成,从横向来说,国家与国家、企业与企业、个人与个人之间的信息公平失衡已经存在,比如数字主权、信息垄断、数字化竞争、代际数字鸿沟等(宋保振,2021)。相较于横向,纵向的信息公平失衡更为普遍,在大数据时代,企业的信息多由算法控制,但人为设计的算法由平台操刀,不可避免会偏向平台,这就导致在信息传输的披露过程中会对员工有所隐瞒,信息资源存在分配不公。即使部分生产资料可以由网约平台员工自身提供,如电动车、汽车等,但平台手中始终掌握了核心生产资料,即订单信息,员工只能依靠平台才能取得订单信息,并且大多数员工的信息绑定在了特定的平台,在各个平台之间,其个人好评、信誉、积分等数据不能共享,因此使得他们无法任意离开所属的平台,否则一切都需要重新开始。

5.4　平台型组织公平问题的治理

算法系统提供的技术支持是平台经济蓬勃发展的重要保障。平台利用大数据、云计算、人工智能等互联网新技术对劳动者客户双方的供需进行匹配,规划员工的劳动过程,优化工作流程,提高服务效率,但平台企业也具有追本逐利的天性,需要平台数据监管、平台规则制度,甚至国家法律法规来平衡组织与员工的利益,兼顾公平。

5.4.1　平台数据监管

接入平台日常经营数据,促进平台数据公共化是政府部门有效监管规制的一个重要方式。平台企业通过互联网新技术,聚集大量买家和卖家,在双方之间建构起一个庞大的数据库,并将数据据为己有。公共品属性是大数据本身具有的特征,不应成为平台的私有财产,而是应该对政府部门保持透明并用于公共目的。依靠行业规范和信用监管方式限制平台资本权力,以达到平台企业行业自律的目的,同时接入平台日常经营数据能够为劳动监察部门监督执法提供依据,推进劳动者合法权益的保护。

5.4.2　平台规则制度

平台企业作为生产者与消费者进行价值互动的规模化活跃的社会化平台与双边市场,具有非常广泛的社会参与性与极为明显的社会外部效应(徐景一,2021)。平台企业必须承担其相应的社会责任,以保护劳动者的权益,并将其落实到具体的公司治理措施中,如为平台员工降低网络平台的服务费,加速薪酬制度在新就业形态中的改革,强化劳动成果和薪酬给付核验等方面的用人单位负面行为惩戒等,以改善平台员工的薪酬待遇。

5.4.3　国家法律法规

为了保障平台员工尤其是网约工作者的安全,国家层面应制定相应的法律法规和政策条例,包含收入安全和劳动安全等权利,确保网约工作者在获得合理薪酬的同时不受身体伤害。

这种新型工作关系应被立法机关纳入劳动法,针对网约工作者的新型用工模式制定相应的法律法规,通过法律的形式加强劳动者权益保护和企业经营效率之间的平衡,维护零工的劳动者权益,尤其是低技能零工的社会保障、工伤保险和培训等,从立法上明确平台工作者的地位(郎唯群,2021)。

相关政策的制定应当兼顾劳动型平台经济的创新发展与劳动者权益保护,重点是要防止平台垄断、加强算法审查、促进算法管理透明化、强化数据安全和杜绝数据滥用、完善数字声誉诚信建设和促进平台劳动者职业发展,不断促进劳动型平台经济的健康持续发展(黄再胜,2019)。

【本章小结】

公平理论是一种激励理论,由美国行为科学家斯塔西·亚当斯提出,该理论偏向于研究薪资报酬的分配合理性、公平性及其对职工生产积极性的影响。包括:①分配公平;②程序公平;③互动公平。互动公平包括人际公平和信息公平两方面。

分配公平指的是员工对组织报酬的分配结果公平与否的感受,也称为结果公平。程序公平是指在事件的处理与决策的过程与程序,对事件利益相关方与当事者是否都是公平的。程序公平包括6条标准:①一致性规则;②无偏见规则;③准确性规则;④可修正规则;⑤代表性规则;⑥道德与伦理规则。互动公平可称为人际关系公平,顾名思义指的是个人所感受到的人与人之间互动交往的质量。

基于互联网的零工经济,平台组织与员工的关系有了新变化:①工作方式自主化;②雇佣关系短期化;③工作项目任务化;④劳动付酬市场化。

基于算法,平台组织中的个体在分配公平、程序公平、人际公平、信息公平等方面都面临着被不公平对待的现象:平台工作者的劳动付出与劳动收入不成正比;决策程序、决策过程缺乏人性化、不透明;申诉机制形式化;人际关系不平等;信息垄断等。

平台组织的不公平问题可以从国家法律法规、平台规则制度、平台数据监管等方面来治理。

复习思考题

1. 什么是组织公平？
2. 平台组织和员工的关系呈现哪些新特征？
3. 平台组织中基于算法有哪些不公平现象，举例说明。
4. 应当怎样治理平台组织中的不公平？

【案例研读】

被机器解雇的退伍老兵

"我被一个机器解雇了。"63 岁的亚马逊 Flex 合同司机 Stephen Normandin 告诉彭博社。在过去 4 年,他作为亚马逊 Flex 的司机在凤凰城递送包裹。作为类似 Uber 和 Lyft 司机一样的角色,这些司机在 Flex 的系统里接单和递送,帮助庞大的亚马逊电商帝国完成"最后一公里"的递送服务。

去年 10 月 2 日 3:00,Normandin 按照往常的习惯起床准备洗漱去递送包裹。当他打开手机 App 想要看看当日亚马逊 Flex 送货路线时,却发现自己无论怎么尝试也无法登录系统。他赶忙打开邮箱,发现一封亚马逊发送的通用邮件写着:你已经被终止合作,原因是个人评分已经低于可以接受的级别。同时这封邮件告诉他,跟踪他的算法发现,他没有正确地完成工作。

这让他感到震惊,因为在此前的三年半时间里,他的评分一直都是超过标准的评价,同时还有亚马逊的人问过他是否有兴趣培训新司机。他回想自己过去一段时间的工作,意识到使得他评分迅速下降的原因实际上是算法的过错。

据他回忆,8 月开始,他开始遇到一系列他无法控制的运送延迟问题。有一天,亚马逊的系统在天亮前给他派发了带密码的公寓大楼的配送工作。他告诉媒体,这种算法犯的错误很常见。当他抵达公寓时,发现公寓没有开门,之后按照一般惯例送到公寓办公室,然而凌晨这里同样没有开门。当他按照指示给用户打电话,由于天还没亮,用户也无法接通电话。几乎在同一时间,他被亚马逊算法要求将包裹送到公寓大楼的亚马逊送货柜,但发现储物柜故障打不开。之后在拨通了亚马逊 Flex 服务电话 30 分钟后,他收到通知,将包裹退回到亚马逊送货分拣中心。

事后,他发现自己的评分迅速下降。当他致电亚马逊司机服务中心后,解释了缘由——是储物柜的故障导致自己无法按时完成配送。但最终的结局,Normandin 仍然被裁退了。在被算法错误判定责任后,Normandin 并不是没有上诉过。但和成千上万司机的遭遇相类似,他进入了一个奇怪的被亚马逊机器人踢皮球的状态。

"能不能告诉我是什么标准没有达到?上一封解雇邮件并没有写明确。我有整个过程的记录。目前看,我的唯一'问题'就是那天送货柜门的系统问题。我的评分过去 3 年来一直是超过预期。"Normandin 在邮件中尝试为自己申诉。经过 10 多天不断申诉,Normandin 收到了来自亚马逊不同的落款发出的多封疑似系统自动回复的邮件。除各种客套话外,Normandin 的问题还是没有解决。

最终的一封署名 SYAM 的邮件于 10 月 28 日发到 Normandin 的邮箱。这封邮件仍然没有对 Normandin 的解雇提出任何解释,也没有回答 Normandin 提出的任何问题,只是最终宣告了 Normandin 的"裁员"决定。

资料来源:被算法开除并无处申诉,亚马逊 Flex"员工"难以忍受被算法支配的恐惧(公众号:硅星人)

分析与思考:

该退伍老兵遭遇了哪些不公平行为?应当如何确保算法公平?

第6章　平台型组织的激励

【本章学习目标】

1. 了解平台组织中激励的重要意义；
2. 掌握激励理论的类型及其各自主要观点；
3. 描述平台组织中员工组织关系；
4. 描述平台组织中激励机制；
5. 了解平台组织中算法激励下的问题。

【导入案例】

bilibili 的 Up 主激励计划

作为一个坐拥 Z 世代用户大军的在线泛娱乐社区，B 站的激励体系是怎样的？如何激励用户转变为创作者？这离不开 B 站的创作+反馈激励体系，也就是金钱悬赏与虚拟激励相结合。

1. 金钱激励

金钱是用户持续贡献的外在驱动因素，金钱激励是 B 站的一大特色，不同于其他 UGC 社区，B 站的豪爽就在于敢于撒钱吸引优质内容的创作者。目前 Up 主可以通过充电计划、悬赏计划、新星计划及热门活动几种方式实现视频流量货币化。

（1）充电计划

充电计划上线于 2016 年 1 月，用户观看视频可以通过"充电"使用电池直接打赏喜爱的 Up 主，10 电池＝1RMB，扣除外部支付成本、税费后，Up 主的分成在70%左右。以知名 Up 主半佛仙人为例，截至 20 号，有 830 人为其充电，更早入驻的进入 TOP10 的 Up 主老番茄的充电人数则近 2 300 人。

（2）悬赏计划

悬赏计划是 Up 主推荐广告服务，用户在观看 Up 主视频时会在视频下方看到相应广告，B 站根据广告曝光或商品销量发放收益。据披露，个人 Up 主可获得广告收益的50%，机构合作方可获取收益的60%（商品类广告 Up 主现阶段可全额获得收益）。

（3）新星计划

新星计划是 B 站目前针对新手 Up 主进行创作而推出的激励，粉丝数<5 万的 Up 主可以参加。新星计划对于视频的种类有限制，以某期的新星计划为例，投稿视频限于游戏、动画和动物圈（每次 3 个垂直品类），从视频数据表现、内容质量和用户喜爱度（点赞、

收藏等数据）三大维度，结合评委组意见进行综合评分，选出各品类的超人气视频，可获得10 000/2 000/800元不等的现金奖励。

新星计划属于创作激励计划活动。B站的创作激励计划涵盖视频、专栏和素材创作，用"电磁力"做指标评估Up主，以创作力、影响力和信用分3个维度为参考，具体激励收益算法由稿件本身内容价值，包括内容流行度、用户喜好度和内容垂直度等多维度指数综合计算得出。

（4）热门活动

不定期设置流行话题，活动奖励包括头像、现金、大会员，激励用户参与。以"春日vlog挑战"为例，现金奖品包含最佳导演20人，奖金1 000元/人；新人奖15人，奖金520元/人，此外还有平台虚拟奖励（头像、大会员）。

除以上金钱激励外，Up主积累一定粉丝数、拥有一定人气后，可以和第三方合作获得广告机会，或者直接跳转电商引流实现获利。

2. 虚拟激励

（1）一键三连

B站的一键三连推出时间不长，以前用户需要分别操作点赞、投币、收藏，但现在只需长按点赞3秒，就可以实现上述3个操作。其中，投币收益的10%将作为Up主的硬币收入奖励。

（2）个人主页的形象激励

Up主的主页除显示视频、专栏等创作信息外，会向外界展示粉丝数、获赞数、充电人数以及勋章。这些满足个人成就感和自我效能感的激励行为被归为内在驱动因素。B站利用身份信息披露，来营造Up主的形象，对于那些追求自我实现和价值贡献的创作者激励效果更佳。

勋章作为传统激励体系中的一员，在B站中逐渐被边缘化，在个人主页一级页面中仅显示图标，点击进入后才会显示具体成就。区别于会员的经验值体系，在勋章体系中，主要围绕自制视频、直播、粉丝、风纪委员等方面进行成就表彰。

资料来源：从三个方面解读：B站用户激励体系，知乎网.

请思考：

1. 结合所学过的知识，分析B站平台型组织激励的特点。

2. 通过引例的学习，简要概括出B站的激励计划。

管理的对象具有特殊性，平台型组织的激励具有独特性。如何激励互动群体输出高质量的内容产品和服务？如何激励淘宝平台第三方卖家提供优质的产品和服务？如何激励滴滴平台的司机提供良好的服务？这一系列问题使得平台组织在处理激励问题、设置激励方案时，要同时兼顾内部员工与平台外部的工作者，以维护平台生态系统中的多边互动。

6.1 激励概述

6.1.1 激励概念

罗宾斯(2021)将激励定义为是去做某事的意愿,并以行为能力满足个人某些需要的条件。

陈春花(2016)认为激励是一个需要被满足的过程,即"激励是在个人需要和组织目标整合的基础上,形成强烈实现目标的意愿,并促使其付出努力行为的过程"。激励的首要条件是具备强烈实现目标的意愿,同时产生使目标实现的行为,最后通过努力满足需求后,又产生新的需求的一个不断循环的过程。

正是因为平台组织运转与传统组织运转方式有很大不同,导致平台组织在激励方式上具有特殊性。平台组织通常需要将两个或者更多的参与者群体聚集在一起,这些多个参与者的群体称为互补者(complementors)(McIntyre et al.,2021)。平台组织是实现关联方连接与互动的载体与媒介,通过对接这些可能互动的群体,共同构成平台生态系统。平台经济模式以生态系统的形式运行,可以视为由中介的平台组织、零工工作者及请求者(requesters)组成,他们共同带来了零工工作的管理、执行及需求(Meijerink & Keegan,2019)。

平台生态系统的发展与互动群体密切相关。首先,互动群体决定平台生态系统能否发展,若互动群体不认同这个平台,会导致平台生态系统的崩盘,宣告平台模式的失败;反之,若是互动群体认可并参与进入平台,则标志着平台生态系统的生成。其次,互动群体之间的互动促进平台生态系统的快速发展。多个互动群体之间的互动可以促进网络效应的产生,吸引更多的共生群体参与互动。

正是由于平台组织的发展程度与互动群体息息相关,因此互动群体对平台组织取得成功至关重要(McIntyre et al.,2021)。一方面,平台组织希望互动群体在平台进行持续输出,比如美团与饿了么为了让外卖骑手留在各自的平台,会设计一套算法激励体系,使得他们持续为用户提供服务;另一方面,对以数字内容为主的平台组织来说,网络平台众创是互联网结合各方创新的一种手段(李雷等,2020)。在这种情况下的平台组织,其经济效益直接取决于多元参与主体的资源共享及创新成果的转化,尤其是对于内容提供方来说,他们是平台众创的核心推动者,如果内容提供方只考虑提供的数量,但不重视质量时就会产生低质量的内容产品或服务,而这些低质量的内容产品或服务会影响用户在平台中的体验。

如何激励互动群体输出高质量的内容产品和服务?如何激励淘宝平台第三方卖家提供优质的产品和服务?这一系列问题使平台组织在处理激励问题、设置激励方案时,要同时兼顾内部员工与平台外部工作者,通过资源整合、供需匹配和共创驱动来实现价值共创(王水莲 等, 2019),以维护平台生态系统中的多边互动,如图6.1所示。

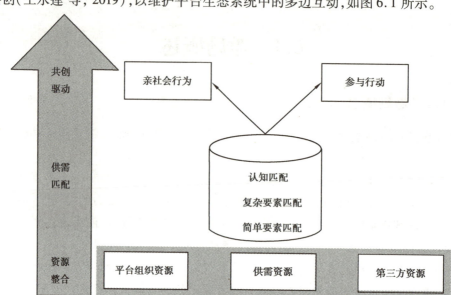

图6.1 平台型组织价值共创的简单路径

①资源整合。平台型组织的资源整合是多边创造价值的基座,包括平台组织资源、供需资源和第三方资源的整合。平台组织资源的整合包括资金和人力的整合。从实践层面来看,平台在初期需要倒贴许多资本吸引用户进入平台,抢占市场。第三方利益相关者资源的整合是指对金融、咨询等的整合(王水莲 等, 2019)。

②供需匹配。供需匹配的过程是多边不断互动的具体体现。平台型组织将过剩的资源结合起来,在供需两端完成有效的匹配。在短租平台,爱彼迎整合大量的专业摄影师个体,为分布在全球的房屋提供免费拍照服务,以专业的拍摄技术展示供给的房源,从而吸引需求资源,形成供需匹配。

③共创驱动。价值创造的行为有参与行为①和亲社会行为②(Yi et al., 2013)。王水莲等(2013)认为参与行为是平台多方参与的信息共享和人机互动行为,是平台上的参与者必须做到的,但是缺乏亲社会行为。

6.1.2 激励理论

动机激励理论用来解释员工的动机。

动机激励的理论可以分为3大类:内容型激励理论、过程型激励理论、调整型激励理论。利用动机激励理论,可以很好地分析激励需求满足的过程。

内容型激励理论研究未满足需求的内容。其主要包括马斯洛的需求层次理论(hierarchy of needs theory)、X 理论与 Y 理论(theory X and theory Y)、赫茨伯格的双因素理论

---

① 参与行为是指用户在共享平台上需要履行的角色内行为,包括信息共享、人际互动、服务责任等。
② 亲社会行为是指用户资源为平台或者其他用户提供的附加值,如反馈、推荐、帮助等行为。

（two-factor theory）、麦克莱兰的需求理论（McClelland's theory of needs）。

过程型激励理论研究需求产生到采取努力满足需求行为的过程。主要包括期望理论、公平理论、自我决定理论、目标设置理论。

调整型激励理论研究对行为的调整和转化。主要包括强化理论和挫折理论。

1）内容型激励理论

（1）需求层次理论

需求层次理论的提出者是亚伯拉罕·马斯洛（Abraham H,1981），他认为每个人的内心都存在5种需求层次，从低到高依次为：生理需求、安全需求、社会需求、尊重需求、自我实现需求。

①生理需求。这是个人最低层次的需求，主要是人们需要获得衣、食、住、行、性来满足身体方面的需求。

②安全需求。主要是指人们保护自己免受身体和情感上伤害的需求。

③社会需求。人是社会中的人，需要随时与身边的家人、朋友及同事进行交往互动，因此他们有被自己所属团体认可和接纳的社会需求，即主要包括人们对爱、归属、接纳和友谊等社会心理的需求。

④尊重需求。个人关注内部尊重因素与外部尊重因素。前者表示，个人有获得他人认可的需要，有自主不受控制地完成某个工作的需要，有自主完成某个工作后获得成就感的需要。后者表示，个人有取得某个地位的需要，有被其他人认可和关注的需要。

⑤自我实现需求。这是人最高层次的需求，主要是指个人有成长、开发自我潜能和创造力及自我实现的需要。

需求是逐层满足。需求是有高低之分的，马斯洛认为低级的需求包括生理需求和安全需求，高级需求包括社会需求、尊重需求和自我实现需求。只有低层次的需求得到满足后，个人才会进一步产生高层次的需求。

需求是相对满足而不是绝对满足。马斯洛认为只要需求大体得到满足后，就会寻求更高一层的需求满足，因而大体被满足的需求不再具有激励作用，而所追求的更高一层的需求则具有激励作用。

（2）X理论与Y理论

X理论与Y理论是道格拉斯麦·格雷戈根据人性假设提出的两种理论：当假设人性是消极的时候，用X理论来解释这类人的动机；当人性是积极的时候，用Y理论来进行解释。接受不同人性假设的管理者对应选择不同的理论来改变自己的行为，从而更有效地激励员工。

建立在马斯洛需求层次理论的框架下，Y理论假设社会需求、尊重需求和自我实现需求这3种高级需求主导员工的行为，因此采用Y理论来解释员工动机的管理者会认为员工将工作视为娱乐，能够学会承担责任，因而会为员工提供富有责任感和挑战性的工作、营造良好的工作氛围、提供自我发展的机会等。

（3）双因素理论

双因素理论,也叫作激励-保健理论(motivation-hygiene theory),是心理学家赫茨伯格提出来的影响人与工作关系的两类因素。激励因素叫做内在因素,当满足激励因素后人们会感到满意,因此具有激励作用。但是当激励因素没有被满足时,人们也不会感到不满意;保健因素也叫做外在因素,当保健因素没有被满足时会引发不满意的情绪,但是当保健因素被满足后也不会让员工增加满意。

激励因素与保健因素的满足与否会影响个人对工作的态度,当员工对工作满足时,会激发他们对工作的热情,从而能够调动工作的积极性,让员工取得好的工作绩效。与马斯洛的需求层次理论相对应,激励因素相当于高级层次的需要,保健因素相当于低级层次的需要。常见的激励因素有工作上的进步与成就、工作是否被认可等;常见的保健因素有个人生活、工作条件与安全、薪资、与同事关系等。

（4）麦克莱兰的需求理论

戴维·麦克莱兰的需求理论关注 3 种需求:成就、权力和归属。他认为它们是员工在工作情境中最重要的 3 种需求。建立在马斯洛需求层次理论的框架上,这 3 种需求可以与自我实现需求、尊重需求和社会需求相对应。

成就需求(need for achievement, nAch):对应马斯洛需求层次理论中的自我实现需求,即员工在工作中有追求卓越和争取成功的需要。

权力需求(need for power, nPow):对应马斯洛需求层次理论中的尊重需求,即员工有不受他人控制,但希望影响或控制他人的需求。

归属需求(need for affiliation, nAff):对应马斯洛需求层次理论中的社会需求,即员工有与同事建立友好人际关系的需求。

2）过程型激励理论

（1）期望理论(expectancy theory)

期望理论是美国心理学家维克多弗鲁姆提出来的,该理论认为人做某事的动机取决于他所预期的结果及对其吸引力的期望程度。在组织情境中意味着要想充分调动员工的积极性,需要关注 3 种类型的关系:努力与绩效、绩效与奖励、奖励与目标。

①管理努力与绩效之间的关系。员工愿意从事某项工作以实现组织目标的动机基础在于员工相信通过自己的努力能够带来好的绩效评估。这要求管理者需要建立客观的绩效评估系统,让员工通过自己的努力,达到预期目标,从而增强信心与工作力量。

②管理绩效与奖励之间的关系。要求对员工好的绩效评估结果给予相应奖励,即时和合理的奖励能使员工对工作充满激情,强化员工的工作动机。

③管理奖励与个人目标之间的关系。并不是所有的奖励都对员工有激励作用,组织只有提供那些对员工具有吸引力、有助于实现个人目标的奖励时,才能激发员工的工作动机。这就意味着管理者需要识别出员工的主导需求,从而采取合适的奖励措施。

（2）公平理论(equity theory)

公平理论是美国学者亚当斯提出来的,该理论研究报酬对人们工作积极性的影响,同时强调公平在这种影响中的作用,即员工会把自己的投入和产出与相关人员的投入和产出进行比较。投入包括员工个人的受教育程度、工作付出的努力等;产出包括报酬、工作安排及认可等。根据与自我-他人比较和组织内部-组织外部划分,员工会进行 4 种类型的比较,产生 3 种公平的不同感知。

公平理论的比较如表 6.1 所示。

表 6.1　公平理论的比较

	自我比较	他人比较
组织内部比较	员工在本组织内部的某个不同职位上的经历	员工所在组织内的同事比较
组织外部比较	员工在组织外部的职位经历	员工所在组织外部的其他个体的比较

(3)自我决定理论(self-determination theory,SDT)

自我决定理论是美国心理学家爱德华 L. 德西和理查德 M. 瑞恩提出的,该理论认为人们有自主性的需求和实现胜任力及维持与他人积极关系的需求。将其运用在工作场景中,员工喜欢感觉到他们能够控制自己的行动,如果某件事情使工作任务变得像一种义务而不是自主选择的活动时,员工的工作动机就会被破坏。

自我决定理论与认知评价理论。认知评价理论假设外部奖励会降低员工对工作的内在兴趣。当人们从事有偿工作时,会认为工作是不得不做的事情,从而自主性需求被降低,对工作的控制感减弱,降低对工作的兴趣。

自我决定理论与习得性努力理论。习得性努力理论认为奖励会促进内部动机。奖励会作为一种对员工行为的积极反馈,增加员工的胜任感,从而提高员工的自我决定感,提高对工作的内在动机。

自我决定理论与自我一致性。自我一致性理论探讨员工追求目标的理由与实现自己的兴趣以及价值观的一致程度。当这种一致性程度很高的时候,即使目标最后没有实现,也不会降低他们的内在动机,因为他们将努力的过程视为兴趣。

(4)目标设置理论(goal-setting theory)

目标设置理论是美国心理学家洛克及同事提出的,该理论从行为目标的具体性、挑战性和反馈出发对动机进行研究。目标设置理论强调目标的高价值。能够激发员工工作动机的目标有以下几个特征。

①目标的明确性与具体性。设置目标具体完成的时间,有助于帮助员工形成工作的内在推力。

②目标的困难性。当员工认可这个目标并接受以后,会促使他更加努力地完成某项工作。因为充满挑战的目标会帮助员工集中注意力和保持充沛的精力。其次,当目标具有一定困难度的时候,人们会持续努力地实现它。最后,越困难的目标越会促使员工实

行多种策略去执行工作任务。

③反馈。反馈能够帮助员工了解自己实际做的与预期做的之间的差异,可以指导员工的行为。当员工知道自己在实现目标过程中的实际成效,会在接下来的工作中表现得更好。

（5）强化理论（reinforcement theory）

强化理论也叫作操作性条件反射理论,是美国心理学家斯金纳提出的,该理论认为强化会塑造行为,从而提高该行为的被重复性。

强化分为正强化和负强化。正强化会提高行为发生的频率,通常是在期望的行为发生后对行为进行奖励;而负强化则会降低行为发生的频率,对某种不符合要求的行为发生后给予惩罚。

强化理论与社会学习理论。强化理论强调客观结果对行为的影响,忽略了认知变量的作用。而社会学习理论是强化理论的扩展,它还承认观察型学习和知觉的影响,人们根据自己对结果的认知和界定来做出反应。

6.2　平台型组织下的员工-组织关系

6.2.1　传统员工-组织关系

传统的金字塔组织结构模式适应工业经济时代的需求,强调等级权威和集中控制。对于传统管理者而言,通过设置目标、整合资源,以及领导来激励员工,辅助以控制进行纠偏,最后生产出满足市场需求的标准品就可以了(穆胜,2019)。在传统的组织下,大多数员工都是在组织中工作或为了组织工作,并被分配到各个职能模块,每个职能模块的目标引导着员工的行为,这些行为所产生的结果支撑着企业绩效。

从权力的角度来看,由于管理者拥有非常特殊的角色与奖惩权,作为权力受迫者的雇员一方需要从组织的需求出发,为实现组织目标在各个职能模块各司其职,雇员不需要承担经营风险和责任,只要完成任务就可以得到自己的报酬。在这种金字塔组织结构下,员工与组织之间的关系是雇佣关系,而组织中基于传统的目标管理(management by objectives, MBO)和指标考核(key performance indicator, KPI)等绩效考核模式就可以对员工进行管理。

6.2.2　平台内部员工-组织关系

平台组织管理的员工对象有两类:内部员工与外部工作者。内部员工与组织之间存在雇佣关系。不过由于平台组织结构的特殊性,平台内部员工-组织关系与上述传统金字塔式组织与员工之间的关系又有区别。

平台组织是以用户为中心的"拉动型"组织结构,具有高度扁平化的特点,其信息主要传播的方向是网络式分散传播,信息沟通具有敏捷、灵活、快速和高效性的特点。这种组织结构意味着,外部工作者和内部员工共同为组织创造有价值的项目,引发业绩"指数型增长",实现价值共创(穆胜,2019)。

6.2.3 平台外部工作者-组织关系

对平台组织外部工作者的称呼有很多,平台经济将外部工作者重塑为自雇佣承包商(self-employed contractor)和零工工作者。零工工作者是指"与平台签约或者通过平台直接向需求者销售劳动力,为非确定雇主从事短期、独立任务或者基于项目交付工作的劳动者(龙立荣等,2021)"。

零工工作者从事的工作是平台按需安排的(platform-enabled gig work),即请求者一方的需求是零工工作者的工作任务来源。在平台组织的帮助下,将需求转化为一种固定期限的活动,同时将这些活动外包给个体零工工作者,但是组织与零工工作者之间并没有建立正式的雇佣关系。这些工作的特点与平台组织内部员工工作有很大的不同,主要表现在以下几点(Meijerink & Keegan,2019)。

(1)定期活动(fixed-term activities)的来源和执行

外包任务(outsourced tasks),即请求者(requester)的需求是零工工作者的工作任务。外包任务可以包括:众包(crowdsourcing)、自由职业者(e-lancing)、独立合同(independent contracting)、通过应用程序按需来工作(working on demand via app)和临时自由的工作项目(freelance project work)。外包任务的种类很多,不同的外包任务概念对应零工工作者的工作类型与性质也不同。

①众包是指指定员工完成任务,通过在线平台以公开电话的形式外包给不确定的群体(Meijerink & Keegan,2019)。

②互联网自由职业者,即员工以在线方式完成某些类型的短期任务,比如编程、翻译文本或数据处理(Aguinis & Lawal,2013)。

③通过应用程序按需来工作(working on demand via app),与互联网自由职业者任务的根本区别在于,后者的零工工作者是在现实生活中执行任务,请求者为消费者,比如外卖骑手送餐给消费者、滴滴司机为乘客提供开车服务等,而前者的零工工作者则是在网络世界工作。

④临时自由的项目工作任务与前三者的工作任务相比,呈现出更少的结构化特征,所谓更少的结构化特征是因为这些工作任务需要员工具有创造力、产生更多的想法及问题解决的活动。

(2)缺乏雇佣关系(absence of an employment relationship)

零工工作者是独立的承包商(independent contractors)或者说是独立的工作者(freelancers),他们与平台组织之间缺乏雇佣关系。从工作任务来看,零工工作者是按"需"被雇佣的,即当需求出现时,需要立即去执行外包任务。这里需要强调的是需求的提出者可以是平台组织,也可以是消费者。

缺乏雇佣关系可能会导致组织行为学中的相关理论不能完全适用或阐述平台组织是如何获取和维持零工工作者的资源,零工工作者又是如何影响平台组织的生存和发展过程。对此李燕萍等(2017)以创客为例,给出一系列解释:①网络锁定效应。众创空间平台组织在生态网络建构过程中需要依赖于政府、第三方投资机构、其他企业等外部资源,开拓自身的结构洞,整合形成自身的资源池;②当创客因为能力、环境等因素没办法获取关键资源时,创客需求和资源之间的结构洞会自发形成,此时结构洞将非冗余资源分开。而拥有非冗余资源的平台组织则可以填充结构洞,满足创客的需求,这样平台组织对创客的吸引力也就越强。

(3)由中介平台组织中介

零工工作者的任务是由中介平台提供的,平台在零工工作者和用户(requesters)之间充当中间人(brokers),平台组织的作用在于匹配地理位置较远的供给方和需求方,使得他们的交易能够顺畅。

外部工作者与内部员工的工作具有很大差别的一点在于他们是断断续续为顾客工作的,并且与组织之间的关系不再是传统意义上的雇佣关系,因此传统的管理系统在规范外部工作者行为时会失去效度。

因此,平台组织和外部工作者之间的关系要以生态视角(ecosystem perspective)(Aguinis & Lawal, 2013)看待,这种视角超越了一般组织中的二元雇佣关系,同时将焦点放在平台组织、零工工作者(gig workers)及用户(requesters)之间的多边交换关系上。

首先,三者之间的关系具有相互依存性(interdependence)及多边性(multilaterality)的特点,这意味着价值是依赖于三方共同创造出来的,也就是价值创造的基础是三方之间相互持续的交流。只有两边的交流是没办法产生价值的。同时,三方的行动是互补的(complementary),缺少一方的行动,整个生态系统的活动就不会发挥作用。当骑手退出平台时,他创造给顾客的价值就受到限制,因为顾客没办法获得外卖;同时顾客不使用平台点餐时,也限制了平台的价值。因此,平台组织-工作者、工作者-用户、用户-平台之间的互动都非常重要。任何一组互动停止,都会导致生态系统的崩盘。鉴于组织行为学考察的是员工的行为,因此这里只以零工工作者为关键,设计和实施激励。

其次,从生态视角出发对平台组织进行外部激励机制的设计和考察,必须考虑多方参与的可能。平台组织内部的激励设计在于维护员工与组织之间的雇佣关系,而外部的激励机制则在于确保多边交换行为的持续稳定进行。因此在进行激励机制设计时,需要从生态视角出发。这意味着,在平台内部员工与组织双边关系的管理中,只有组织一方设置一系列制度来确保管理对象的行为,维护雇佣关系,但是在平台组织的多边关系中,只依靠组织一方的激励还不够,组织还需要考虑生态中用户对零工工作者的激励作用。因此,在平台组织外部激励机制的设计上,需要考虑组织与零工工作者的激励以及如何诱导需求者对工作者的激励,以确保对零工工作者的激励是全面的。

内部员工与外部员工也不是完全独立工作的。具体来说,在某些平台组织中,零工工作者位于平台前端,围绕用户需求进行项目设计与探索,平台内部员工会评估项目的合理性,从而决定是否对其赋能。一旦项目具备投资的合理性,平台会为前台提供资源与服务,而前台也会提供数据与商业模式,形成合作伙伴关系,共同为平台创造价值。

通过阐明平台组织中员工-组织之间的复杂关系,有助于理解为什么平台组织的激励机制会显示特殊性。接下来我们将讨论平台组织中的激励机制,我们依旧采取传统的物质激励、精神激励及其他激励的框架来进行论述。

6.3 平台型组织中的激励机制

6.3.1 物质激励

平台型组织的物质激励机制分为两部分,第一部分是共享机制。共享机制属于比较宽泛的激励机制,激励的对象包括内部员工和零工工作者,为了叙述方便,这部分统一称为员工。这部分主要介绍平台组织共享机制的构建和标准,代表性平台企业的实践。第二部分是数智化特征下算法的奖励体系。考虑到平台组织中特殊员工-组织关系,单独针对零工工作者我们介绍数智化特征下算法的奖励体系。

1)共享机制

(1)共享机制的构建

在互联网时代下,企业需要重新思考如何对员工进行有效的激励管理。传统的人力资源管理实践表明,获得更高薪酬的员工更可能离职,依照过往薪酬激励方法无法解决员工人际冲突与信任、工作倦怠及离职等问题。平台组织中的管理者需要思考如何调动员工工作的积极性与主动性,了解新环境下员工的需求,从而采取管理措施激发动机。

平台组织结构带来员工与组织之间新的合作关系,这种合作关系意味着在价值共创的同时,平台型企业也要做到价值共享,确保在人才与组织之间构建紧密的利益共同体。

价值共享的核心是设置共享机制。共享机制中的激励条款意味着参与者在平台上的贡献能够获得相对外部或者内部金字塔更为合理的回报,从而激活员工的创造性与主动性。共享机制的内容包括中长期的股权激励、中短期的基于项目的对赌模式条款。

①中长期的股权激励。建立共享激励机制的重要标准之一就是建立人才流动机制,而要想让人才与企业共同创造、共担风险、共享收益,平台就需要设置一定的激励条款。这些条款在实践中表现为各种形式的股权或者期权激励。平台企业的股权作为一种长期激励的工具,可以把复杂的利益转移到与企业整体利益同步的轨道上,变员工为合伙人。但是需要注意,在平台组织中,创业体更新换代非常快,因此平台和核心创业体与非核心创业体所适用的股权激励方案是不同的。对于前者可以采用平台企业股权激励,后者则可以采用双重股权激励。

②中短期的奖励。如果是只有长期激励,短期内员工得不到奖励就会产生工作倦怠,丧失对工作的激情,因此可以采用中短期的奖励作为激励工具。实践中常用的中短

期奖励方法有两种,第一种是设置基于项目的对赌模式条款;第二种是实施利润分享计划。对赌模式条款是指如果业绩目标达成,员工除了获得全额的对赌投入,还能获取一定基线之上的"超额利润"。但是如果业绩目标没有达成,就意味着员工的对赌投入全部罚没(穆胜,2019)。

首先,对赌模式能够通过核算到具体的项目,而更加精细地锁定人才的产出,带来更大收益,提高员工的积极性。基于目标设置理论,员工一旦认可和接受具有一定难度和风险的目标时,会促使其更加努力地完成某项工作。一方面,充满挑战的目标会帮助员工集中注意力和保持充沛的精力。另一方面,当目标具有一定难度时,员工会持续努力地实现它,并且困难程度越高的目标越会促使员工创造性地实行多种策略去执行工作任务。而利润分享计划是创业体通过利润留成的方式分享创造的利润。比如韩都衣舍产品小组的奖金就是产品小组的销售额、毛利率与提成系数共同作用的结果,并且每天进行结算。根据强化理论,即时的奖励能够强化员工继续实现余下目标的动机。

(2)共享机制设置的标准

共享机制的设计需要遵循三大标准。

首先,共担风险、共享收益。建立共享机制的核心标准就是实现职能并联。并联就是核心职能共同且同时承担市场风险的时候,所有价值的核心职能共同承担,不存在"优先"或者"劣后"(穆胜,2019)。当任务完成并带来收益后,所有的核心参与人才能共同分享收益。

其次,可变薪酬是由市场决定的。这意味着,组织要想员工从以领导为中心转变为以用户为中心,需要将员工的大部分薪酬做出调整。比如,组织可以在当员工只有满足为用户创造出实际绩效的情况下,才为他们分拨提成。

最后,建立人才流动机制。环境的复杂性及不确定性使得平台组织招聘员工不再依照员工能力与职位要求是否匹配,而是基于用户需求导入各类人力资源。

(3)共享机制在平台组织实践中的应用

在这里主要介绍代表性平台组织的实践。华为的全民持股机制、海尔的用户付薪和对赌机制以及万科的事业合伙人制度。

2)数智化特征下算法的奖励体系

代表性平台型组织的实践如表6.2所示。

在大数据和精巧算法的帮助下,平台组织可以对工作者进行算法激励,比如动态和灵活地进行薪资设计方案,寻求最优的薪酬设计方案。由于平台生态是半规制的市场(Meijerink & Keegan,2019),不同平台的激励机制措施不同。所谓半规制意味着生态市场是处于自由市场及协调市场之间,因此平台组织激励或管控的程度取决于生态系统偏向于自由市场(liberal markets)还是协调市场(coordinated markets)。

表 6.2　代表性平台型组织的实践

企业名称	激励机制	具体内容
华为	全民持股机制	建立"以奋斗者为本"的利益分享机制,激励那些为公司成长做出持续贡献的奋斗者; 员工在华为工作 8 年以上,就可以在员工自愿不出售的前提下永久持有公司股份; 员工退休或者辞职,就需要放弃股份
海尔	用户付薪	实现对员工进行市场化激励; 市场化机制,就是所有员工共同面对用户,由用户进行付薪
	对赌机制系统	对赌契约包括引领目标、跟投对赌、动态迭代; 成员通过项目竞争获得对赌机会,在引进资金的同时平台投入资金,小微成员拿出自己一定比例的浮动薪酬与市场对赌; 当达到引领目标时,对赌比例越高,分红权的比例也越高;但是如果项目失败,成员会损失相应的对赌金
万科	事业合伙人制度	第一个层面,高层合伙人持股计划。高层合伙人持股计划将管理团队的滚存集体资金,委托第三方购买公司股票。集体资金是 3 年滚存制,第四年才能提取第一年的奖金,这么做是为了防止短期行为
		第二个层面,中基层的跟投制度。跟投对象包括项目管理团队、普通员工及合作方。对于项目管理团队来说,他们必须跟投自己的项目;对于普通员工来说,跟投项目没有限制,但是跟投金额不超过项目峰值资金的 5%。如果项目收益远高于社会平均值,跟投者可获得超出跟投份额的高额回报
		对合作方而言,可以让总包单位参与跟投。这种激励措施将平台内部、外部合作方的利益捆绑在一起,使得总部对项目投资的决策效率和经营绩效都有显著提升

　　对于偏向协调市场的生态系统来说,平台组织采用非市场的方式进行激励(Meijerink & Keegan,2019)。这种做法在国外平台组织比较常见,比如 Up & Go 和 Loeconomics 平台允许工作者成立工会、投资工作者的通用技能(investment in generic skills)、让工作者参与决策、促使他们对工作过程有更多的控制权和员工所有权计划(employee ownership plans)等,这些措施的一个共同特征在于向员工透露"短期回报不是目的"的信息。

　　对于偏向自由市场的平台生态系统中,平台组织采取的激励措施仅仅依靠经济准则(Meijerink & Keegan,2019)。比如价格激增(surge price)、社会利益相关者的有限干预(limited interference of societal stakeholders)、托管服务(escrow services)和算法任务分配(algorithmic task allocation)。实施这类激励措施的国外平台组织包括 Uber、Lyft、Grab、

Deliveroo（Meijerink & Keegan，2019），国内的美团、滴滴等平台组织大多使用基于算法的激励。

鉴于算法激励在我国平台组织中使用广泛，接下来以滴滴平台为例讨论算法激励，并且考虑到算法激励对工作者的特殊意义，在本章最后一部分还设置一节单独讨论算法激励下的一系列问题。

滴滴平台的算法激励包括3种定价方法和辅助游戏化算法激励。

（1）三种定价方法

三种定价方法包括动态定价、特定场景定价、特殊订单定价。

①动态定价。当算法检测到局部地区多人发单造成短时期用车需求激增时，会将价格系数放大，让司机有更多的收入。

②特定场景定价。算法根据特定的场景变动来对司机的成本进行调节。当司机送回顾客的遗失品时，顾客可通过平台给予司机师傅补偿的同时，平台也会设置相应的算法计算出顾客物品遗失送回费、超时等待费等，对司机成本变动进行调节。

③特殊订单定价。算法针对跨城订单、包车订单等特殊订单，设置相应的价格调整措施有针对性地进行价值分配。

算法除通过上述调整价格系数的方法直接影响司机的收入外，平台的在线评分方案使得工作者的薪酬同样取决于顾客。顾客通过软件评估工作者的行为，司机的薪酬与顾客的评价等级有直接联系。评价等级是该司机的"名片"，评价等级越高意味着该司机的声誉越好，更愿意稳定在平台中，加深了与平台的粘性。评价等级还被用于分配零工工作者未来的工作任务。如果等级低，零工工作者被分配的工作质量也会降低。比如司机师傅被算法分配的任务单很远，为了获得好的评价等级，零工工作者会持续为顾客创造价值。

但是这种形式也会产生负面影响。顾客的随意评价，会损害工作者的利益，造成他们的工作不安全感。因此从生态的视角来看，价值是多边共同创造的，作为维护多边良好互动的平台组织就需要采取一些措施确保零工工作者的利益。以 Uber 为例子，平台组织最近开发了一个 AI 技术来对乘客的行为进行评估，让难处理的乘客退出平台，保护零工工作者的利益（Meijerink & Keegan，2019）。

（2）游戏化算法激励

在这个行业中，员工不断重复着高强度的工作，依靠体力劳动来获得收入，员工体验感极差，同时工作的不稳定又会增大内心的不安全感（魏巍 等，2022）。平台组织通过精进算法，将工作游戏化，从而提高司机工作的积极性。①提高司机主动抢单的积极性：单位时间内完成固定单数可获取红包的挑战任务；②延长司机工作时长：推出新司机首周奖、普通翻倍奖等激励性计费机制。

6.3.2　精神激励

根据马斯洛需求层次理论，精神激励往往与人们的高层次需求相联系，能够充分调动员工的工作积极性,持续时间更长,激励的程度也更深。自我一致性理论指出,当对员工进行目标激励与兴趣激励时,员工追求目标的理由与自己的兴趣及自己的价值观具有高度的一致性,从而对员工的工作态度、专研程度、创造精神具有正向的影响。

1)目标激励

目标是凝聚力的核心体现,反映了员工工作的意义,可以激发员工付诸努力实现目标的行为。滴滴平台 CTO 张博在 2018 年宣布将 CTO 体系建立成为世界级产品技术团队的目标,采用 ENPS(employee net promoter score)标准,用打造极致产品的逻辑建设团队。

如果说运用于产品的 NPS 是衡量一个产品是否真正获得用户认可的标准,那么依照同样的逻辑,将 NPS 引入团队环境中的 ENPS 指标也可以反映团队产品的影响力及团队对人才的吸引力。因此,张博和他的技术线管理者会定期问员工以下问题,"你有多大概率推荐其他朋友加入滴滴? 你有多大概率推荐其他朋友加入你所在的部门? 如果你是贬损者,我们会问你我们做什么能让你变成推荐者?"公司不断收集这样的反馈,进行优化改进,在人才培养体系及团队协作方面进步显著。

2)兴趣激励

兴趣可以激发内在工作动机。在管理领域中,重视员工的兴趣可以有很好的激励效果,带来不可思议的效果。传统组织可以将具有喜爱操作技术的员工调到"技改小组"。多数例子表明平台组织中基于兴趣所产生的激励效果似乎更加显著。

中文字幕组(crash course)是负责为"美剧迷"们下载、翻译、制作、压制、发布、分流的平台组织。在这个平台上翻译人员绝大部分是国内大学生或者国外的留学生,共同点均为对美剧近乎"痴情"。在网络上有这么一个帖子描述翻译人员,"字幕组成员基本是 24 小时在线、随叫随到、半夜睡死但呼一下 10 分钟就能到位的人才(卢彦,2015)"。最令人不可思议的是,在这种没有薪酬激励的高强度义务劳动下,用户能够在极短的时间看到最新的高质量翻译的美剧。

3)算法的精神激励

算法控制目前已经开始采用心理洞察力和策略。算法不直接以命令的方式监督和控制工作者的工作,而是通过采用一定的策略来激励工作者的行为(Meijerink & Keegan, 2019)。根据自我决定理论,Uber 使用各种应用内通知(in-app notifications)激励司机。通过司机自主选择工作底单和工作时间,其工作的自主性增加。同时为了避免直接命令带来司机的抗拒,算法通常发出的指令是"你的下一位乘客将非常棒"。

6.3.3 其他激励

平台型组织的其他激励方式体现在强大的资源赋能机制。张镒等(2020)的研究表明平台型企业可以利用的互补性资产①越丰富,它对所处平台生态系统的其他人员的影响就越大,越有利于开展探索式和利用式两类创新活动。平台型组织通过本身已有的整合资源完成身份、文化建构,再通过构建系统性的服务体系提升资源和服务的附加值,全面增强平台型组织的资源承诺能力(陈武等,2021)。根据马斯洛需求层次理论,员工有成长、开发自我潜能和创造力及自我实现的需要,资源赋能机制的设置关注员工的成长和发展,为他们提供相应的资源。杨皎平等(2022)研究表明,平台型组织的资源赋能能够增加员工的创新自我效能感,从而激发员工的创新,提供更高质量的内容与服务。

平台型组织在资源赋能方面优于传统组织(杨皎平等,2022)。在传统的组织中,不同的部门掌握着不同的资源,资源分布分散。员工获取本部门或跨部门的资源都需要提出一系列复杂的申请手续,信息传递缓慢。复杂的申请程序可能导致员工放弃一些具有突破性创新的想法。在平台型组织中,拥有整合资源的企业与独立的员工形成基本的资源交易关系。企业为员工和团队提供全方位的资源支持,这样员工在进行创新活动时就不用担心资源的可得性问题了。

平台组织有针对性地根据内外部员工采取不同的赋能机制:对平台内部员工采用内部人才赋能机制,针对平台外部的员工建立平台的外部人才生态。

1)内部人才赋能机制

常见的内部人才赋能机制有破格提升机制和设置企业大学。为了加速年轻优秀人才的成长,拆掉内部的层级楼板,2014 年华为拆掉内部的层级楼板并引入基于业绩的人才破格提拔机制。2017 年,华为扩大破格提拔人数以实现企业破格提拔目标人数。

2)建设外部人才生态

在创新生态平台中,数字内容平台的目的是使数字内容得到创新,平台需要使用数字技术连接数字化资源、文化和知识资本,促进不同主体参与到内容生产中以实现这个目标。数字内容的核心是知识,指具有不同知识结构和行为模式的人在一个平台上共存,共享价值观,互补知识(穆胜,2019)。平台生态系统的内容提供商的知识获取会影响新服务开发的绩效。对于平台企业而言,采取一定的激励措施,提高内容提供商的知识获取能力有助于其新服务开发绩效的提升。研究表明,在平台生态系统中存在 3 种平台机制可以帮助内容提供方获取知识。因此,结合李雷等(2020)提出的模型,我们总结了有助于平台企业激励内容提供方持续不断提供新服务的三条路径。

知识获取的 3 种机制如图 6.1 所示。

---

① 互补性资产是针对平台领导企业而言的,有利于企业开展交易和创新活动的资源和能力。根据可以获得的容易程度,分为通用性和专用性互补性资产两种类型。通用性互补性资产是从外部主体购买,获得相对容易;专用性互补性资产是企业进行专项投入而得的,获得相对较难。

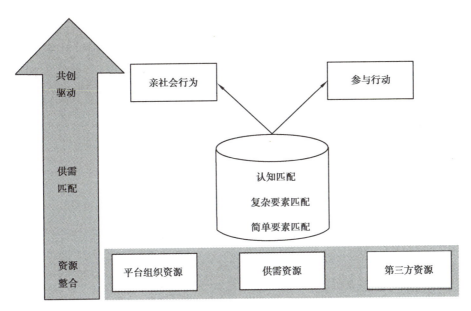

图 6.1 知识获取的 3 种机制

资料来源:李雷等(2021)

（1）构建平台企业的能力提供机制

能力提供机制的核心是平台能够提供资源承诺（resource commitments）（McIntyre et al.，2021）。平台企业运用数字化技术将资源模块化，以便资源传输。比如平台企业提供开发工具包、定期举办的线上沙龙等，为工作者提供需要的资源、激励其提供产品或服务、增强平台生态参与者的联系与互动。

通过能力提供机制，这些资源内容以显性知识的形式被内容提供商快速吸收，应用于新服务的开发，激发新服务的数量不断上涨。同时平台组织内部的运营员工参与到平台生态系统中的内容提供商的工作中，通过两者的共同合作来完成某个具体的项目。在合作过程中，运营员工的运营能力通过与内容提供商的沟通交流进行传递，同时这种能力有助于提升内容提供商的可持续竞争优势，从而赢得市场对新服务的高评分。

（2）整合平台企业的知识整合机制

平台企业定期通过杂志、线上直播等方式对知识进行整合和梳理，通过知识资源整合机制，系统、正式地表达显性知识，提高了内容提供商获取显性知识的能力，进而增加了其新服务的数量。

在知识经济时代，高新技术发展迅速，平台型组织不仅要重视组织已有的知识，也要重视挖掘提高整合知识资源能力的竞争方式（江积海 等，2016）。苹果以学习为开端，自2019 年起，举办了一系列以 Apple 设计开发加速器为主题的一系列讲座、研讨会和网络课程。在开发部分，苹果提供简单易用的开发工具，满足平台开发者开发优质 App 的种种需求。当 App 一旦开发完成，App Store 通过让开发人员的成果在全球超过 40 种语言的 175 版商店中分发，以实现开发者软件的全球化。庞大的用户群体在 App Store 中购买App，并实时反馈他们的使用体验，分享使用感受并提出改进的建议。

（3）激活内容提供方与内容消费方的互动机制

积极和内容消费方等利益相关者建立联接，可以重塑价值关系（江积海 等,2016）。内容消费方对数字内容产品进行体验反馈,这些反馈一方面可以约束平台企业的行为,另一方面会通过信任的交流触达内容提供商,从而会使那些难以用正式语言表达的隐性知识得到传递,这些隐性知识对于内容提供方来说形成了一定的创新激励（何琦 等,2021）,进而提高其新服务的质量,获得市场上更好的评分。

6.4 算法激励下的问题

6.4.1 伦理问题

数字化技术下的算法激励是提升奖惩系统有效性的有力工具;但大众认为算法的作用被高估,因为算法作为一种激励手段忽视了员工的偏好与内在价值观而被认为其作用被高估。算法激励的自动化与非人性化引发对伦理性问题的思考。在亚马逊巴尔的摩仓库中心,机器人根据员工生产率指标跟踪每个人的工作进度。当指标多次不达标,系统会直接生成在线解雇指令,开除工人。英国的劳工保护组织问卷调查显示,有过半的英国亚马逊仓库工不敢在上班期间正常去上厕所,有员工甚至用塑料瓶解决排泄问题。

算法激励在亚马逊的实践确确实实让我们看到机器人"冷血"的一面,让员工处于去人性化政策的环境中工作。这种算法激励很容易让人联系到工业时代的泰罗制控制,但是这种基于大数据的奖惩制度可能并不如后者有效,并且随着去人性化的提升,组织的效能会降低（谢小云 等,2021）。

6.4.2 公平问题

员工对公平的感知影响他们对算法评价结果的看法（Alder & Ambrose,2005）。算法激励的优点在于其准确性、客观性及公平性,通过整合大量任务数据（班小辉,2019）,对员工进行准确且客观的评估。算法激励的缺点在于算法决策意味着员工在决策中拥有更低的控制和参与,无法进行主观的评价,没有考虑异质化信息。算法激励的两面性,要求我们要全面结合员工的整体公平感、程序公平感和人际公平感来进行讨论。

1）考察整体公平

从归因理论的角度,当绩效考核结果对员工不利的情况时,员工会进行外部归因。相比于管理者考核决策而言,AI算法决策不受个人偏差的影响、具有无偏性及程序一致性的特征,员工可以感知到更多的公平（魏昕 等,2021）。这意味着,如果这个考核结果是领导做出的,那么员工更容易对决策者决策结果的准确性产生怀疑。当员工感知到不公平时,会采用寻求改变组织制度的方式来达到组织公平（魏昕 等,2021）。

对于零工工作者而言,他们对组织的影响力弱,容易产生愤怒等负面情绪,从而滋生他们的报复性举动。比如为了不超时,有的骑手会在等电梯时提前点击送到后关机,这样系统就捕捉不到骑手的轨迹。

2)考察程序公平

程序公平是指员工在产生考核结果之前对整个过程公平性的感知。组织使用 AI 算法考核员工绩效,使得员工产生更低的程序公平(裴嘉良 等,2021)。但是实验研究验证了当员工对数字反馈的频率具有一定控制权时,他们更容易合理化数字反馈,并感受到程序公平(Alder & Ambrose,2005a)。

在决策程序的无偏性方面,AI 算法在决策程序执行上具有相对客观中立的特点,能够有效规避人类决策过程中固有的偏见。但是机器学习的算法也会具有客观的偏见,因为算法本身就是从社会大数据资源中进行不断的训练的结果,如果这些结构化的资源本身就具有偏见,那么它也会习得相应的偏见,导致人类的偏见以间接形式存在于强化和训练算法的机器学习的历史数据模型中。

在对决策过程的控制程度方面,员工自身不能理解机器学习算法是如何在不断变化的市场环境下学习适应并自行进行优化。算法的黑箱导致其内部运作是不透明的(Burrell,2016),因此员工对决策过程的控制程度弱,导致员工感知到程序不公平。从心理需求方面来看,不论决策的质量如何,员工对 AI 技术的容错度更低,表现出对算法更低的信任与程序公平感(Dietvorst et al.,2015)。

3)考察人际公平感知

主管做出的建设性反馈比算法做出的建设性反馈更能让员工感知到高的人际公平。主管相比于电脑等数字化技术而言,更具有人际敏感性(谢小云 等,2021)。但是对于消极性的反馈,则是相反的结果。

6.4.3　认同问题

平台组织中,组织控制劳动的方法为互联网技术。劳动者工作的非连续性意味着他们的时间可以自由支配;对平台而言,仅对劳动者工作过程进行监管,而在其他时间不对劳动者加以管理和控制。实际上劳动者距离平台的物理位置较远,他们参与平台集体行动及改变环境的可能性就会被削弱,对组织的认同感也会减弱。当平台调整费率、增加控制时,劳动者很容易处于被动接受的不利地位(Cockayne,2016)。

【本章小结】

平台组织的激励对于维护组织内部员工关系、平台生态系统中零工工作者与其他参与者之间多边稳定且持续的互动关系非常重要。

激励是一个需求不断被满足的过程。激励理论分为内容型激励理论和过程型激励理论。

内容型激励理论研究未满足需求,主要包括马斯洛的需求层次理论(hierarchy of needs theory)、X理论与Y理论(theory X and theory Y)、赫茨伯格的双因素理论(two-factor theory)、麦克莱兰的需求理论(McClelland's theory of needs)。过程型激励理论研究的是需求产生后到采取努力行为的过程,主要包括期望理论、公平理论、自我决定理论、目标设置理论。

管理对象不同,激励方式也不同。平台组织中员工与组织的关系分为平台内部员工-组织关系与平台外部工作者-组织关系。外部工作者称为零工工作者。他们工作的特点与平台组织内部员工工作有很大的不同,主要表现在以下几点:①定期活动(fixed-term activities)的来源和执行;②缺乏雇佣关系(absence of an employment relationship);③由中介平台组织中介。看待平台组织和外部工作者之间的关系要以生态的视角(ecosystem perspective)(Aguinis & Lawal, 2013)。这种视角超越了一般组织中的二元雇佣关系,同时将焦点放在平台组织、零工工人(gig workers)及用户(requesters)之间的多边交换关系上。

平台组织的激励机制包括物质激励、精神激励和其他激励。物质激励分为共享机制和算法的奖励体系两部分;精神激励包括目标激励、兴趣激励和算法的精神激励;其他激励部分介绍了赋能机制。根据平台管理员工对象不同,采取不同的赋能机制,对平台内部员工采用内部人才赋能机制,针对平台外部的员工建立平台的外部人才生态。

最后,我们探讨了算法激励中的伦理、公平与认同问题。

复习思考题

1. 什么是激励? 关于激励的理论有哪些?

2. 简述传统员工-组织关系与平台组织下员工-组织关系各自的特点。

3. 平台型组织中采取的激励方法有哪些?

4. 解释平台内部员工-组织关系与平台外部员工-组织关系有何不同,试描述这种不同所带来的激励特殊性的表现。

5. 描述算法激励下存在的问题,并展开说说你的看法。

【案例研读】

华为的员工激励机制

1. 华为激励机制

（1）文化激励

企业文化是一种无形的激励力量，它可以潜移默化地激励全体员工共同奋斗，实现企业目标。华为的企业文化在我国本土企业中别具一格，其核心便是华为的"狼性文化"。华为总裁任正非很崇尚狼，认为狼所具有的团结互助、集体奋斗、自强不息等精神应是一个企业的文化之魂。这种"狼性文化"使华为的员工具有了对市场敏锐的嗅觉，以及找准目标便奋不顾身进攻的精神。这为华为获得了高绩效，并且使其在同国内甚至国外的同行进行竞争的过程中脱颖而出，迅速扩张，不断地壮大着华为的势力。

（2）物质激励

物质激励包括以下 2 种。

①高薪激励。华为的员工工资之高在中国本土企业中是数一数二的，华为的高薪一方面使得大量的优秀人才聚集华为，另一方面也激励了人才的工作积极性。此外，为了更进一步地激励销售人员，华为使他们的业绩与自己的团队业绩挂钩，而不是像多数公司那样给他们提成。这样可以有效地避免销售人员只重视当前业绩，而忽视了与客户长期关系的维系的短视行为。尽管如此，数据显示华为的销售人员收入还是非常高的。目前以博士、硕士、本科的底薪为例，分别是 7 000 ~ 8 000 元/月，6 000 ~ 7 000 元/月，4 500 ~ 5 000 元/月，年终还有奖金、分红等。

②员工持股激励。华为在高薪激励的同时还推行全员持股制度，这成为对员工长期激励的最好办法。员工持股制度的推行使华为与员工的关系得到了根本的改变。员工与华为从原来的雇佣关系变成了伙伴式的合作关系，这种关系让员工对企业有了极大的归属感，使员工将自己视为企业真正的主人，自觉地把自己的前途与命运和华为的前途与命运紧紧地联系在一起。

（3）精神激励

①荣誉奖。华为非常注重奖励对员工的激励作用，公司甚至为此专门成立了一个荣誉部，以专门负责对员工的考核与评奖。无论员工在工作的哪一方面有所进步，都可以得到荣誉部门给予的奖励。华为的荣誉奖涉及的方面与人员既广又多，许多员工在毫不知情的情况下被荣誉部告知由于员工的进步或者特殊贡献而得到了公司的某种奖励。此外，如果员工得到了荣誉奖，那么一定少不了相应的物质奖励。通过精神与物质相结合的奖励，一方面使员工感受到公司对其努力成果的肯定，另一方面会激发其工作动力，使其向更高的台阶迈进。

②职权激励。职权激励在华为的激励制度中起到了非常重要的作用，主要表现在为华为留住人才这一方面。华为的员工很大一部分都是高素质、高学历的员工。这些员工在期望获得高薪的同时还非常注重实现自身价值，并强烈地期望得到公司或社会的认同

与尊重。所以,华为对优秀员工进行充分的授权,并赋予相应的职称,以此显示对他们的信任与尊重。华为用这种激励手法使员工得到了精神与物质的双重收获,因而更愿意贡献自己的力量与才智,从而对公司事务有了更强的参与感和更多的自主性。

(4)其他激励

①科学的职业生涯规划。为了使员工更好地把握自己的事业目标,激励员工不断地朝着正确的方向前进,华为给自己的员工定制了职业生涯规划。针对新员工,华为会给他们提供富有挑战性的任务,以帮助他们迅速进入良好的工作状态,并最大限度地激发他们的斗志与激情。对于工作3年以上的员工,华为会对他们进行培训激励,如派研发人员出国深造等。对于工作满10年以上的员工,华为会选择环境设施激励策略,通过晋升制度,并优化工作环境与设施,促进员工更好地进行创新工作,保证员工的地位与自身的实力挂钩。

②完善的绩效考评制度。华为也采用了现代企业普遍实行的绩效考评制度,华为的每位员工都需要制订绩效目标,然后根据这个目标由直接主管对他进行不定期的辅导和调整。在年底的评估考核之前,每位员工都要对目标完成过程中存在的问题向主管进行一次甚至多次的回顾和反馈。年底的考核结果还需经过管理层的横、纵相比较,与多向沟通不断地进行修正,力图使考核结果更加公平、客观。最后考核结果与激励机制挂钩,真正实现劳者多得。

③舒适的工作环境。在华为工作过的员工,无不对其舒适的工作环境有着深刻的印象。华为的百草园是华为员工在华为的温馨家园,里面有超市、休闲中心、餐厅、美发厅,一应俱全。在华为无论衣食住行,一张工卡全部解决。这里对于整日专注于科技项目,无暇顾及生活琐碎事务的研发人员来说无疑是人间天堂。公司还定期举办一些活动,通过这些活动拉近员工之间的距离。这一舒适的工作环境也在一定程度上对员工起到了激励作用。

2. 华为激励性薪酬制度案例——KSF增值分配法

华为的激励性薪酬设计必须符合现代薪酬的四大定律:第一定量是三七定律,即薪酬解决70%的员工工作动力问题,30%靠文化情感使命驱动;第二定律是波动定律,即薪酬波动弹性越小,向上增长的幅度和频次同样越小,反之亦然;第三是量化定律,即薪酬是一定数量,如果将工作进行量化管理,分配才会科学;第四是交易定律,即劳资双方基于市场价值与价格匹配组织交易,更显公司互利共赢。

同传统薪酬、绩效模式相比,华为实施KSF薪酬全绩效模式着眼于5个要点:

(1)大弹性、宽幅

定量薪酬讲求的是稳定,变量薪酬追求的是激励。变量越大,弹性就越大,激励性就越强。因此,KSF要求从原来的固定薪酬(或底薪)中拿取不低于50%的部分用于宽带激励设计,通常比例锁定在60%~80%。

(2)高绩效高薪酬

员工创造得越多,获得的回报就越高。多劳多得,才符合人性需求及市场规则。华为致力于一手提高员工的收入,另一手促进员工创造高价值、高绩效。华为坚信,员工收入高稳定性就强,对公司的认同度与归属感也会得到改善。

(3)利益趋同

KSF认为员工工资属于资本,员工是来创造价值的,根据自己的贡献获得相应的收益。KSF模式的追求结果是:员工收入越高,企业赚的就应该越多。只有员工与企业的利益实现趋同,思维才能统一,目标才能真正一致。

(4)激励短期化

激励设计有两种倾向,一是短期化,即月度;二是长期化,即3年以上。不过,任何激励设计都不能忽视短期化的趋势。没有努力的现在,何谈美好的未来。所以,KSF倡导的就是先做好月度激励,再扩展到年度及长期。

对于员工来说,薪资是由数据说话,做的每一项有产值的事情都可以得到相应的薪资回报,做得越多,得到的越多,这样也就避免了有关系的人拿得更多的不公平现象。对企业来说,员工有了工作动力之后,对企业的利润贡献也会更大,避免了养"闲人"的情况。

KSF增值加薪法,给员工提供了没有上限的加薪模式,员工可以凭借自己的努力,创造更好的结果,为自己加薪。对企业来说,员工拿得越多,企业赚得越多,且不增加成本。

资料来源:全球案例出现系统.

分析与思考:

结合本章学习的激励理论,讨论华为实施的KSF增值加薪法是如何对员工进行激励的。

第7章 平台型组织中的人机协同

【本章学习目标】

1. 区分人工智能的概念、产品及其应用领域；

2. 了解人工智能对平台型组织的重要性；

3. 掌握平台型组织中人机交互的分类及应用场景；

4. 区分平台型组织中两种人机协同模式；

5. 了解平台型组织人机协同存在的问题；

6. 了解平台型组织人机协同的实施策略。

【导入案例】

外卖骑手，困在系统里

又有两分钟从系统里消失了。

相同距离的订单，配送时间从 50 分钟变成了 35 分钟；3 公里内最长配送时间被压到了 30 分钟。这不是第一次时间从系统中消失。金壮壮做过 3 年的美团配送站站长。他清晰地记得，2016 年到 2019 年，他曾 3 次收到美团平台加速的通知：2016 年，3 公里送餐距离的最长时限是 1 小时，2017 年，变成了 45 分钟，2018 年，又缩短了 7 分钟，定格在 38 分钟——相关数据显示，2019 年，中国全行业外卖订单单均配送时长比 3 年前减少了 10 分钟。

系统接连不断地吞掉时间，对缔造者来说这是值得称颂的进步，是 AI 智能算法深度学习能力的体现。在美团，这个实时智能配送系统被称为超脑，饿了么则为它取名为方舟。2016 年 11 月，美团创始人王兴在接受媒体采访时表示：我们的口号"美团外卖，送啥都快"，平均 28 分钟内到达。

而对实践技术进步的外卖员而言，这却可能是疯狂且要命的。在系统的设置中，配送时间是最重要的指标，而超时一旦发生，便意味着差评、收入降低，甚至被淘汰。外卖骑手聚集的百度贴吧中，有骑手写道：送外卖就是与死神赛跑，和交警较劲，和红灯做朋友。

骑手们永远也无法靠个人力量去对抗系统，只能用超速去挽回超时这件事。一位美团骑手告诉《人物》，他经历过最疯狂的一单是 1 公里 20 分钟，虽然距离不远，但他需要在 20 分钟内完成取餐、等餐、送餐，那天，他的车速快到屁股几次从座位上弹起来。

这些外卖骑手挑战交通规则的举动是一种逆算法，是骑手们长期在系统算法的控制与规训之下做出的不得已的劳动实践，而这种逆算法的直接后果则是外卖员遭遇交通事故的数量急剧上升。

资料来源：知乎网。

请思考：

员工与人工智能融合成为平台型组织中不可避免的一种趋势。学习平台型组织中人机协同相关问题及管理员工的行为对平台型组织来说至关重要。那么，什么是人工智能？在平台型组织中员工与人工智能交互的程度又如何？如何看待人机协同中存在的问题？平台型组织如何采取策略进行两者关系的协调？

7.1　人机协同的概述

7.1.1　人工智能概念

数据化治理技术包括物联网、移动互联、高级分析、机器人流程自动化、云计算与人工智能等。

物联网与移动互联技术带来了电子设备与技术，在这些载体的支持下信息能够及时被收集、储存与发送（Wang et al.，2020）。基于物联网与移动互联技术的"机"包括移动电话等设备；机器人流程自动化技术下催生的办公自动化系统；基于云计算与人工智能技术的"机"，包括数据化和智能化的管理工具，比如智能机器人与 AI 辅助系统。

本书界定的"机"是采用人工智能、物联网和云计算等技术的智能化工具，并且以人工智能概念作为这种工具的总称。

《人工智能标准化白皮书（2018）》将人工智能（Artificial Intelligence，AI）定义为"利用数字计算机或者数字计算机控制的机器模拟、延伸和扩展人的智能，感知环境、获取知识并使用知识获得最佳结果的理论、方法、技术以及应用系统"。

2020 年 7 月，国家标准委员会、中央网信办、国家发展和改革委员会、科技部、工业和信息化部联合发布的《国家新一代人工智能标准体系建设指南》中对人工智能进行了学科上的归类与划分，并进一步对其进行界定，"人工智能是一门交叉的学科，通常视为计算机科学的分支，研究表现出与人类智能（比如推理和学习）相关的各种功能的模型和系统"。

在平台型组织中，具有不同学习能力及智能化的人工智能，与员工在协同过程中会产生不同的结果。因此以学习能力与智能化程度为基本标准，进一步将其分为强人工智能与弱人工智能（章文光 等，2021），两者在意识表现、达成目标与应用方面有区别，如表7.1 所示。

表7.1　强人工智能与弱人工智能的区别

维度	弱人工智能	强人工智能
能力	具备进行推理和解决问题的能力	
意识表现	没有自主意识,表面智能,实质上并不拥有智能	具有知觉和自我意识,拥有真正的思维的智能机器
目标	实现特定功能的专用智能	达到了人类水平,能自适应外界环境挑战来解决问题
应用	图像处理、物体分割、机器翻译等以及农业、工业、电力及勘探领域	商用化的智能系统,比如人脸识别系统、语音识别和自然语言理解

基于实践,本章介绍的人工智能为强人工智能(简称人工智能)。人工智能从过去追求计算机模拟人工智能,转向机器与人的结合,成为增强混合智能系统。

7.1.2　人工智能产品

基于人工智能的智能化产品的应用涉及多个行业与领域。酒店或者医疗领域更多应用的是智能服务机器人而不是无人机、自动驾驶汽车等智能运载工具;一体机 VR、PC端 VR 在生活中能够提升用户的体验,但是运用在组织中可能不会给组织带来效率。

因此为了探索人工智能对平台组织中的员工的影响效果,我们还需要对人工智能产品进行界定。平台型组织中的人工智能产品包括语音交互产品、基于生物特征识别的产品以及计算机视觉的产品,平台型组织中的智能化产品如表7.2 所示。

表7.2　平台型组织中的智能化产品

智能化产品	典型产品事例
语音交互产品	个人助理、语音助手、智能客服
基于生物特征识别的产品	指纹识别系统、人脸识别系统
计算机视觉的产品	图像分析仪、视频监控系统

在平台型组织中,语音交互的人工智能产品如智能客服、语音助手和个人助理,用于帮助决策;基于生物特征识别的产品,比如指纹识别与人脸识别,应用于考勤与打卡;基于计算机视觉的产品,比如视频监控系统与图像分析,应用于控制。

7.1.3　人工智能在平台型组织的应用

云计算、大数据等技术的爆发为人工智能的发展提供了丰富的数据资源,训练出更加智能化的算法模型,如今,人工智能已经融入社会与组织各个层面。

在公共安全领域,人工智能融合在社区管理等场景,形成了智慧警务系统;在金融领域,补足金融行业内现有数据分析建模能力的短板,统一管理模型的开发和运行,形成平台级的人工智能服务能力中心而规划开展建设的项目;在医疗领域,提供组织级别和细胞级别的病理性辅助诊断;在城市管理领域,通过人工智能、物联网等现代化信息手段形成"一网统管",打破各个委、办、局数据和资源壁垒,增强管理人员的科学决策能力。人工智能通过与各领域的结合,提升了社会福祉。

近年来,人工智能也融合在组织管理领域,尤其是平台型组织。与传统的组织相比,平台型组织面对的市场需求更复杂、面临的竞争更激烈以及知识型员工自主管理需要越来越迫切。这就要求平台型组织要充分利用高度透明化的数据治理技术,实现人工智能与组织管理的融合。新冠疫情期间,美团的无人配送车通过精细的改造、精准的导航帮助平台在疫情中发挥重大作用,在北京顺义正式实行"社区送菜",在 72 小时内就完成了从初步沟通到项目落地。人工智能技术为平台型组织带来了可观的收入效应与成本优势。IBM 在 2016—2018 年有关人工智能的调研表明,组织的财务绩效与企业使用人工智能的成熟度[①]存在密切相关。组织中人工智能技术与社会、组织及人融合是一个必然趋势。因此,研究人机交互对组织中员工行为的影响就显得尤为重要。

7.2 人机交互及其交互场景

7.2.1 人机交互的分类

从学科划分的角度出发,范俊君等人(2018)认为人机交互是一门研究方法论的学科。这门学科具有动态发展的特点,会随着技术的革新不断发展,因此孙效华等(2020)根据它的演化将人机交互分为 3 个阶段,即人与物理系统交互(human-machine interaction,HMI)、人与数字系统交互(human-computer interaction,HCI)、人与智能系统交互(human-robot interaction,HRI)。

在 HMI 交互中,机器与人类之间为工具性关系,强调机器对人类活动的支持性作用,只用于实现人类的特定目标,比如计算机被用于组织中简单的文书打字等。机器包括非数字化设备,或者只具备低级的硬件与软件的计算机。

在 HCI 交互中,员工发送指令,计算机执行相应的任务。随着技术的进步,一些复杂的决策支持系统(decision-support systems)甚至能够帮助员工分析、揭示复杂的数据。在领导力研究领域中,电脑作为沟通的媒介,帮助管理者推进团队进程。在更宏观的管理研究中,探讨了商业智能系统(business intelligence)帮助管理者推进决策。商业智能系统是为了帮助管理者做出更好决策的信息收集、储存以及分析的技术、应用和过程(Olszak, 2016)。无论是在哪个研究领域,与 HMI 相同的一点,HCI 交互仍然强调的是计算机的支

---

① 人工智能的成熟度指运用 AI 和优化 AI 的成熟度。

持功能。

HRI 交互中,与 HMI 和 HCI 具有断裂性的区别。在演化阶段,机器领导人(commuter -human leadership)(computers as leaders),人工智能承担着领导职能,接管了人类领导者与下属互动的部分,这部分是在 HCI 阶段没有的。人工智能在与人类进行互动中承担监管、操纵、队友、旁观者、机械师、从属的交互角色(Wesche & Sonderegger,2019)。在任务分配上,滴滴根据顾客的用车需求,将其位置及其他有用信息分发给司机,并监控司机有没有接收请求;在绩效评估与薪酬奖励上,滴滴对顾客给司机的评分等级进行评估,从而决定司机的薪酬奖励;在激励上,为了最优化平台用车需求与用车供给,滴滴使用动态定价、特定场景定价等算法激励措施,使司机在特定时间工作或者不工作。在工作管理上,外卖平台的智能配送系统为外卖骑手规划接单数量及多个订单的取送顺序,为网约车司机规划出最有效的路线。人机交互的分类如表7.3所示。

表7.3　人机交互的分类

人机交互的演化阶段		特点
人与物理系统交互阶段(HML)	交互对象:非数字化机器设备 交互方向:单向互动	无论是机器设备还是数字化系统,它们都只具备工具性特征,无法揣测人类的潜在需求,并做出反应
人与数字系统交互(HCI)	交互对象:数字化系统 交互方向:双向互动	
人与智能系统交互阶段(HRI)	交互对象:机器人等基于人工智能技术的智能产品 智能化机器人具有学习、推理能力 对环境敏感,能感知人的需求,并做出反应	

7.2.2　人机交互的应用场景

HMI 与 HCI 的理论概念解释了机器在与人类交互时方向的转变:从单向到双向互动。HRI 的理论概念揭示了更具有智能化的机器因为具有强学习、推理和感知能力,而与 HMI 与 HCI 阶段有本质上的区别:人工智能开始承担管理下属员工的职能。

根据 HMI、HCI 与 HRI 理论概念的界定,本书探讨的人机协同不是单纯一方的交互方式。多数平台型组织的实践表明,根据业务场景的复杂度不同,人机协同中涉及人或者人工智能谁占主导地位的问题也不同,导致平台型组织可能同时存在多种交互。

我们用 VUCA+来衡量这种业务场景的复杂度。VUCA 分别代表易变性、不确定性、复杂性、模糊性。VUCA+则加入了新颖性,指前所未遇的全新场景。业务场景的复杂度包括3类形态:低"VUCA+";中"VUCA+";高"VUCA+"。

第一类为低度"VUCA+",其变化性、复杂性、不确定性、模糊性、新颖性等方面均低,代表业务场景高度可知可控。在这类业务场景中,存在 HMI 交互,员工可以将标准业务场景工作交给机器自动化处理。在 AP 领域的4个业务场景中,华为启用了机器自行处理。试点半年来,华为通过手工作业进行并行校验,其结果证明准确率为100%。再通过一系列的业务标准化、简单化、数字化建设,华为的会计核算效率得到大幅度提升。

第二类为中度"VUCA+",其突出特征是业务场景在复杂性和多变性上大幅提升,但在不确定性、模糊性与新颖性方面变化不大等问题,代表业务场景中度可知可控。在中度可知可控的业务场景下,决策者需要依靠更智能化的数字信息系统获取多种变化信息,并判断对下一步业务可能发生的影响。

第三类为高度"VUCA+",其突出特征就是在不确定性、模糊性与新颖性等方面与前两类业务场景相比大幅提升,代表业务场景高度不可知与不可控。这时候数字化技术对组织的帮助就非常有限,就需要借助人的突破式创新与更智能化的机器设备之间的共同协作来解决问题。

7.3　人机协同模式

人机协同模式根据人机之间的工作关系分为增强型人机协同模式与自动化式人机协同模式。

7.3.1　增强型人机协同模式

增强型人机协同模式强调机器人对员工的辅助作用。结构化理论认为,人的行为受人的主体性及技术所塑造环境的影响(Orlikowski,2000),而数字化技术的引入,为平台型组织的薪酬管理、培训与开发等人力资源管理带来了新的活力。

在薪酬管理中,基于智能化的薪酬管理模式减轻了管理人员的任务量。在平台型组织中,企业通过数字化技术实现了自动化的薪酬计算过程和合理的调薪设计(谢小云等,2021)。传统组织重点管理人员借助传统的表格方式进行薪酬管理,但是在表格中没有办法使用直接的公式来对薪酬进行合理的计算,尤其是当组织人数多的时候,需要重复核对很多次,非常耗时。借助移动办公平台可以实现薪酬的智能化,管理者设置合理的公式后,通过直接导入花名册和考勤数据,结果就会自动显现。谷歌将员工的个人绩效、办公地点和职位因素等都考虑入算法建立模型,以此计算员工的具体调薪额。

在培训与开发上,管理者借助算法与大数据挖掘对人才进行细致的刻画、进行人才盘点实践(Gal et al.,2020)。通过人才刻画,管理者可以识别员工学习和培训的需求,更好地进行人力资源开发。亚信安全是一家在5G云网时代守护云、网、边、端的安全智能平台企业,其管理人员利用大数据技术抓取员工在"个人评价报告"和"访谈记录"中所展现的个人特质、优势和不足等信息。

在增强型人机协同的模式中,更多客观定量的数据使人工智能做出的决策更准确,也避免了管理人员受主观影响而做出具有偏差性的决策,减轻了管理人员的任务量,让他们可以处理其他更重要的事情。但是,任何事情都有两面性,当管理者将数据视为最客观的事实,他们就会省略对工作场所中员工行为的直接观察(Duggan et al. ,2020)。这会导致管理的非人性化。Ritzer(2011)指出这么做还会引导组织的同质化趋势,而一味推崇"机器人至上"则会引发伦理问题。

7.3.2 自动化式人机协同模式

随着更好的算法的出现和数据指数级般的增长,组织开始应用自动化式人机协同。这种人机协同模式是一种机器智能代替员工,自行执行工作任务的模式(Tschang & Almirall,2021)。

Wesche 等(2019)提出了 CH 领导(computer-human leadership)的概念,它描述了计算机代理(computer agent)对员工指导(guide)、组织(structure)和促进团队活动(activities)和加强成员关系(relationships)的过程。相比于人类代理而言,这种过程更强调对员工影响的目的性。这种代替人类领导的自动化领导的效果取决于操纵者层面(最高层操纵自动化系统的人)和下属层面(人工智能领导的员工)的主客观标准。

操纵者层面的客观标准包括系统的性能,比如主要任务与次要任务执行的情况、与自动化相关的错误、遗漏、委托错误等;下属层面的客观标准包括下属的离职率(turnover)、事故发生(accidents)、对自动化的依赖(automation reliability)、行为结果的成本(costs of action outcome)等。操作人员的自动化管理行为,比如自动化的使用(use of automation)、自满(complacency)、与自动化相关的错误(遗漏、委托错误等)以及主要和次要的任务绩效。

操纵者层面的主观标准包括对自动化系统的信任、任务完成的自信、完成的任务量及对自己自动化状态的感知(automation state awareness)。对下属层面的主观标准包括对于工作及人工智能领导的满意度、下属工作的动机和幸福。

这种自动化式人机协同模式大量存在于平台组织中的客服服务领域。过去平台组织中的客服员工需要处理大量的客户问题,现在以人工智能技术为基础的虚拟客服技术(VAT)为人工客服节省了时间,减轻了任务量。这种虚拟客服技术融合了机器学习、自然语言处理、自然语言生成、情绪分析、语言翻译等人工智能技术,通过部署一套自动的程序来与用户对话。IBM 研究院的数据调查结果显示,虚拟客服技术对大中华地区当前客服员工满意度的平均贡献率是20%,使用该技术后,他们处理时间平均缩短12%,这意味着如果一次用户联系先由虚拟客服接待,继而转接给人工客服,那么虚拟客服平均可为人工客服节省4分钟。

另一方面,组织中专业工程师对虚拟客服技术的持续改进,是提高它们优秀表现的重要原因。通过评估虚拟客服技术的处理率和客户满意度等指标,来决定是否增加虚拟客服的训练。

总体来说,集合多种人工智能技术的虚拟客服技术具有以下特点。

①外在表现形式上。虚拟客服技术的核心是采用机器学习和自然语言处理技术来实现与用户的交互,因此是否具备与聊天机器人相似的外在表现形式并不是判断是否为

虚拟客服技术的标准。

②提供完整的服务流程。虚拟客服技术并不仅限于回答用户提出的问题或者简单地执行指令。基于丰富的人工智能技术,它能够实现"从问候到告别",完整流程。

③以达成共同理解为目标。虚拟客服技术自带多样化的人工智能技术,能够自动修复沟通过程中出现的误解,从而实现与用户达成对某一问题的共同理解。

7.4 人机协同存在的问题

7.4.1 人机协同中的信任问题

企业不断改变技术的目的是提高生产率,但是只有当员工充分信任技术时,协作才能创造出最大化效率(孙效华 等,2020)。过去技术失误事件、算法"黑箱"问题(Burrell,2016),导致人对机器的信任危机从未消解。这种信任危机伴随着机器设备、数字化系统及智能系统的出生并进一步发展。比如20世纪80年代中期,在医疗领域中,辐射治疗仪发生故障导致美国的得克萨斯州、佐治亚、华盛顿各州和加拿大的安大略的癌症病人都受到了致命剂量的 X 射线(爱德华 等,2012)。

AI 算法的内部运转不透明导致了信息的不透明,从而使员工感知到的程序公平更低,裴嘉良等(2021)总结了3点员工对 AI 算法不信任的原因:

①在 AI 算法决策标准的代表性上。算法程序是由组织技术人员进行编写的,通过运转程序代码来做出决策结果。从员工的角度来看,他们并不认为技术人员完全了解他们的基础信息,因此 AI 算法决策标准缺乏代表性,导致员工对其不信任。

②在决策标准的有效性方面,大数据驱动的 AI 算法在做出决策时具有准确性与科学性。AI 算法是收集定量数据指标,然后将其纳入考核决策等标准,而一些非量化、主观性的指标则没有纳入参考标准。

③在外卖平台中,算法基于直线距离预测时间长短。外卖骑手实际送餐需要绕路、等红绿灯等。在决策标准的清晰度上,由于 AI 算法的"黑箱"属性,比如专业性的代码、难以理解的运算规则,使员工难以理解决策标准,如图7.1所示。

总而言之,完美的技术是不存在的。正如社会学家 Rob Kling 等学者指出计算机化是一场运动,这场运动带来社会冲突和组织间内耗(Kling & Iacono,1988)"。实际中也确实如此,数经济时代的计算机化、智能化是不可逆的,人工智能技术始终在不断完善,人与计算机交互协作的能力还没有提高(范俊君 等,2018)。但是,人是具有主动性的,可以对技术始终保持警惕性,提高自己的数字化技能,追求更加完美和稳定的技术来适应工作与生活。

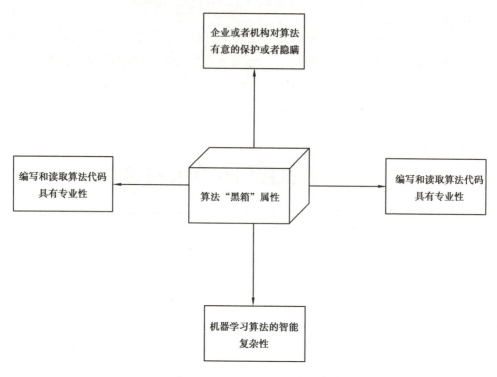

图 7.1　AI 算法的"黑箱"属性

参考来源：Burrell（2016）

7.4.2　人机协同中的伦理问题

人工智能增加人类效能的同时，也会带来伦理问题。从整个社会的视角来看，人工智能的社会伦理是指人工智能技术的研发设计与应用时间的合理性边界（章文光 等，2021），当边界设置不合理时，就会出现伦理问题。近期人工智能造成大规模失业成为热门话题。远期来看，全能的人工智能能够替人类做出所有决策，甚至会消解人类生存的意义（江晓原，2017）。这一系列的伦理问题意味着为人工智能设置道德戒律很重要。

聚焦到组织视角，它们的出现会影响组织文化和组织氛围。在人力资源管理上，它们开始逐渐被应用于招聘和解雇员工、提升和奖励员工及对员工的工作方面进行分配。同时，当人工智能作为领导者时，它对于下属的行为会产生重大的影响。因此，在人机协同的背景下需要讨论领导自动化的伦理问题（Wesche & Sonderegger，2019）。

鉴于组织中，尤其是平台组织中，外卖骑手、司机师傅等在工作中接受人工智能的领导、分配任务已经是不可避免的趋势。因此需要指出，这里的伦理问题不应该指是否要取消人工智能领导者的地位，而是如何设计使人机协同产生最大化效益。

7.4.3　人机协同中的隐私问题

从人脸识别和指纹打卡的上班签到方式到员工沟通记录的追踪及视频监控，数字化设备轻而易举地帮助组织搜集到员工各类信息数据（Kellogg et al.，2020），并对这些数据进行分析，反馈员工的行为和工作态度。对内部工作的员工而言，这些数据可以帮助组织掌握员工的工作动态和工作细节，为组织的管理提供证据。对平台组织外部的零工工作者而言，组织单向的监控成为他们与组织建立联系的唯一机会（谢小云 等，2021）。

在平台型组织中，算法控制代替了传统组织中基于规章流程制度、组织规则及角色分配的管理控制，形成了一种"透明化"的管理。这种管理利用数字化的电子设备和网络信息工具，为员工塑造一种"全景监狱"式的工作环境（Lyon，1993），使员工有一种没有隐私的感觉。3DE人才管理系统是亚信的管理员工平台，项目管理者利用这个系统可以清楚看到每一个员工的工作效率曲线，通过大数据精确抓取到没有工作的员工。但是，在这种管理下，员工时刻处于被评价、被关注的状态中，这种过度的控制手段会导致员工有被压迫的感觉，可能会造成一些恶劣的后果（谢小云 等，2021）。

7.5 平台型组织中的人机协同策略

7.5.1 提高员工接受度

在平台组织中，员工的接受度决定机器领导的有效性，直接决定人机协同能否发挥最大效益（Wesche & Sonderegger，2019）。但是当提到算法在替做决策的主体地位时，所处不同国家文化、不同时代的员工往往会感到不同程度的不安与怀疑。张志学等（2019）提出，组织可以通过加强员工的自我领导和自我管理来降低不安等负面影响。

过去研究表明员工接受领导的决定性因素以及领导力风格等。员工接受一个领导者取决于合法性。合法性与三个维度有关：关系维度、道德维度、工具维度。能够影响员工幸福与绩效的领导行为模式有交易型领导、变革型领导、道德型领导、真实型领导等。研究发现，关于合法性的工具维度与关系维度分别与交易型领导和变革型领导有关。下属之所以认可交易型领导，是因为他们与下属建立了稳定和公平的交换关系。变革型领导以崇高的理想试图让下属超越眼前的利益，努力实现自己的成就。道德型领导和真实型领导与关于合法性的道德维度有关，领导者决策完整性和伦理性取决于领导者的道德和伦理与下属是否一致。

技术接受模型（TAM）为我们从技术角度提供一个新的视角，帮助我们分析哪些因素会影响员工对人工智能领导的接受度。组织使用技术接受模型协调员工与技术的关系，从而发挥两者之间协作带来的最大化效益。技术接受模型（technology acceptance model，TAM）是预测个体使用以及接受技术的模型（Venkatesh & Davis，2000）。该模型成功应用于办公自动化工具、软件开发工具等。技术中不涉及HRI与HCI交互阶段，也就是没有考虑人与机器的合作性关系。Wesche等（2019）提出的TAM模型则将这层关系纳入考虑范围，帮助我们从社会影响、产出相关的系统特征、与体验相关的系统特征、便利条件及与领导力相关的系统特点考察对技术的接受性。

(1)社会影响(social influences)

社会影响因素包括主观规范(subjective norm)与形象(image)。从社会角度来看,个体对 TAM 感知有用性的信念与他认为其所处的社会环境欣赏或者反对使用该系统的程度有关(Venkatesh & Davis,2000)。过去的研究表明,主观规范与感知有用性有关。在人机协同的背景下,如果个体所处的社会赞同人工智能领导,那么个体对其接受度也就越高。形象代表个体在社会中所处的地位,使用某系统可能对某人的形象产生影响(Moore & Benbasat,1991)。过去的研究表明,使用创新信息技术频率越高的个体,在其所处的群体中社会地位也越高(Vaterlaus et al.,2015)。

(2)产出相关的系统特征(output-related system characteristics)

产出相关的系统特征包括工作相关性(job relevance)、产出质量(output quality)、结果可以被论证的可能性(result demonstrability)三个认知层面的变量。

工作相关性指个体感知到系统适应工作的程度。产出质量指个体感知到的系统的任务表现情况。结果可以被论证的可能性描述了使用系统后所产出的结果多大程度是可以被观察到的、有形的及可以沟通的。如果下属相信人工智能领导适应他的工作,并且该人工智能在工作中表现良好,并且最终的工作成果可以衡量,那么员工对该技术的可接受度就很高,更愿意与人工智能协同发挥作用。

(3)体验相关的系统特征(experience-related system characteristics)

体验相关的系统特征包括客观可用性(objective usability)、感知的乐趣(perceived enjoyment)。客观的可用性取决于系统本身的操纵难易程度,让员工在与人工智能进行协作中感知到的乐趣取决于人工智能的设计。当人工智能具有美感的设计时会让与之协作的员工有积极的工作体验,同时当系统的可用性很高时也会提升员工对人工智能领导的接受度。

(4)便利条件(facilitating conditions)

便利条件是指组织能否提供足够的资源和支持使得员工在与人工智能进行协作过程中足够顺畅。在人机协同的背景下,这意味着组织可以提供如何与人工智能进行协作等培训。

(5)领导力相关的系统特点(leadership-related system characteristics)

前面几个因素均侧重于技术的"工具型"特征。在考虑"与领导力相关的系统特点"时,我们需要整合人类领导力的研究,借鉴领导合法性的三个维度:工具性维度、关系维度及道德维度,提出在人机协同下的人工智能作为领导者的合法性的三个维度:工具价值(instrumental value)、关系价值(relational value)及道德价值(moral value)。

工具价值是指员工感知到的人工智能的胜任力和有效性。关系价值是指员工通过与人工智能协作后感知到对社会地位、社会认同及自我价值的有利影响。道德价值是指对人工智能领导者的道德和伦理完整性的感知。

7.5.2 建立风险管理系统

决策标准的不清晰及决策标准的代表性和有效性弱,是导致员工对 AI 算法不信任的原因。算法是以数据集为基础的,因此组织解决上述问题的关键在于解决员工对数据集的内在偏见。美国国家标准技术研究所(NIST)发布的《关于识别和管理人工智能歧视的标提案》指出,可以针对 AI 系统在不同场景的运作建立统一的 AI 歧视性风险管理。风险管理系统涵盖了 AI 生命周期中可能出现的各种风险,提出了各方利益相关者(stakeholder groups)、风险管理(risk management)和标准的发展(standards development)在风险管理的预设计、设计开发以及部署三个关键阶段中的参与作用。

(1)预设计阶段

首先,研发者在选择数据集时要确保数据集的真实性,同时遵循数据最小化原则,这样建造出来的 AI 系统模型才是可信的,从源头上解决信任问题。其次,设计者应当关注 AI 在实际环境中的应用。研发者通常以技术为核心来设计方案,忽略了场景的作用。在外卖平台,系统精细地给外卖骑手推送接单、到店、送货、送达这四个步骤,每一个步骤都需要骑手确认。从技术上来看,精准的步骤可以让消费者随时掌握自己的订单情况,增加了消费者对平台的黏性。但是在实际中,烦琐的步骤却增加了骑手的紧张程度,也构成了消费者对外卖员的"时间监视"(孙萍 等,2021)。

(2)设计开发阶段

设计开发主要涉及软件设计者、工程师及风险管理的数据科学家。在这个阶段的做法是,充分考虑实际应用场景开发对应的算法模型工具。在研发过程中充分考虑多方意见,使得算法的决策结果更具多样性和人情味。

(3)部署阶段

NIST 指出,在 AI 正式进入部署前,需要专家进行审核。如果缺少专家审核这个步骤,就会导致即使没有直接使用 AI 工具的公众也会遭遇自身数据被算法滥用的风险,导致自己的权益受损。进一步,算法会根据公众的种族类型、地理位置等特征产生不同的决策结果。国外的研究显示,基于定价算法的网约车平台,对非白人的乘客会收取更多的费用。

7.5.3 充分考虑伦理性问题

首先,人工智能作为领导者,在控制和管理员工行为时,应当确定一系列伦理原则。IEEE 在关于自主和智能系统伦理的全球倡议(the IEEE global initiative on ethics of autonomous and intelligent systems)中提出了智能系统设计应当遵循的五大原则:第一,确保智能系统不侵犯人权;第二,在系统设计和使用中优先考虑人类的福祉;第三,确保系统设计师、研发人员及操作人员对系统负责;第四,确保系统以透明的方式运转;第五,注意系统的正确使用,并将风险降至最低。

其次,在考虑人工智能伦理性标准时,可以从人类伦理型领导者行为出发

（Eisenbeiss，2012），考查伦理型领导以下四个行为取向：第一，人道取向，即对待人类需要有尊严；第二，正义取向，即做出公正一致的决策；第三，责任与可持续发展取向，即对成功的长期取向及他们对社会和环境福祉的关心；第四，适度取向，即谦逊及行为的平衡。

7.5.4　践行科技伦理价值观

疫情让远程办公、共享用工提早到来，这对劳动者的工作监管也提出了新的要求。人工智能对劳动者的劳动过程进行监管已经成为平台工作者的工作常态，因此讨论人工智能的伦理性问题并如何将其应用到实践中就显得非常迫切，伦理即服务概念的提出从理论上正面回应了这个问题（Morley et al.，2020）。伦理即服务（ethics as service）是指运用科技工具或者其他方式将抽象的伦理原则转化成具体的服务措施。

从实践层面来看，许多科技公司成立了与科技伦理相关的委员会、部门和研究所。腾讯研究院中的"网络社会"板块，将人的视角引入技术中，探索科技对人与社会的影响，并设置科技向善（tech for good）专题，寻求社会各方的共识，推动社会福祉最大化。微软的 AETHER 委员会下设涉及公平、安全可靠、敏感应用等的工作小组对特定 AI 伦理问题进行研究；谷歌在 2021 年 2 月成立负责任 AI 部门，对谷歌相关产品和交易进行伦理评估以及落实 AI 原则。

协同共生，是用科技创新提高人类的福祉，人类需求又进一步推动科技伦理的基本法则。

【本章小结】

人工智能是利用数字计算机或者数字计算机控制的机器模拟、延伸和扩展人的智能，感知环境、获取知识并使用知识获得最佳结果的理论、方法、技术以及应用系统。

根据人工智能的学习能力以及智能化不同，将其分为强人工智能与弱人工智能，两者在意识表现、达成目标与应用方面有区别。

人机交互是一门研究人与计算机系统之间的信息交流接口和以人为中心指导系统开发的方法论学科。人机交互的演化可以分为三个阶段：人与物理系统交互、人与数字系统交互、人与智能系统交互。

业务场景的复杂度不同，面临的人机协同中哪方占主导地位的问题也不同。采用 VUCA+对业务场景的复杂度进行划分，VUCA 分别代表易变性、不确定性、复杂性、模糊性。VUCA+则加入了新颖性，指前所未遇的全新场景。业务场景的复杂度包括三种形态：低"VUCA+"；中"VUCA+"；高"VUCA+"。人与物理系统交互存在于低"VUCA+"的业务场景中；人与数字系统交互存在于中"VUCA+"；人与智能系统交互存在于高"VUCA+"中。

人机协同模式分为增强模式与自动化模式。增强模式的人机协同强调机器对员工的辅助作用，支持平台组织的薪酬管理、培训与开发等人力资源管理领域。自动化式的人机协同是一种机器智能代替员工，自行执行工作任务的模式。这种模式的执行结果好坏的评判标准分为操纵者层面（最高层操纵自动化系统的人）和下属层面（人工智能领导的员工)的主客观标准。

平台型组织人机协同中存在信任、伦理和隐私问题。平台型组织可以采取提高员工对人工智能的接受度、建立风险管理系统、充分考虑伦理问题及在实践中践行科技伦理价值观的方法来提高员工与人工智能的协同效果。

【复习思考题】

1. 区分强人工智能与弱人工智能。
2. 平台型组织中使用的人工智能产品有哪些？举例说明。
3. 人机交互可以分为哪几类？各类别应用的业务场景是什么？
4. 简述平台型组织中存在的两种人机协同模式。
5. 平台型组织中人机协同会遇到哪些问题？简要说明。
6. 思考如何提高平台型组织中下属对人工智能领导的接受度。

【案例研读】

小米如何打造适应智能时代的人才生态环境

人工智能推动着新的一波技术革命,宣告智能时代的到来。小米在这一浪潮中已经早早布局,目前小米手机所搭载的系统在全球的激活量突破了 3 亿人,云服务产品目前存储的大数据量已经超过 200 PB,小米生态云则覆盖基础层、平台层和应用层,连接了大量的智能生态云服务。在业务上,智能时代下的产物——云服务支撑小米 IoT 成为全球最大智能硬件 IoT 平台。

作为以创新为驱动的互联网公司,小米的 HR 团队也一直在思考如何才能打造适应智能时代的企业人才生态环境,如何打造智能化的人才供应链、人才学习发展链和员工服务链及合理的薪酬绩效政策。小米的 MI-HR 智能平台(MI-HR intelligent platform, MI-HRIP)也在伴随公司 8 年左右的发展历程中不断完善。从外部租用技术平台,到自主研发 MI-HR 智能平台(MI-HR intelligent platform),小米利用大数据助力战略与业务的改造,利用大数据挖掘的方式在人才和组织管理上为业务提供科学的决策支持,并且建立员工"生活、学习、工作、发展"的完整服务生态圈。

同时,小米的 HR 团队正在经历从三驾马车到无边界 HR 组织。传统 HRCOE 和 HRBP 组织内、外分得很清楚,在扁平化管理的小米,组织的边界越来越模糊。HR 的组织既不僵化,也不顽固,而是富有灵活的想象力。

1. 高效、高质、低成本的 HR 共享服务

作为一家高速发展的创新型互联网企业,随着公司业务的快速拓展和员工人数的飞速增长,小米的 HR 部门逐渐意识到,只是将内部资源共享整合远远不能满足员工及管理者的需求,也不足以支持业务的飞速发展和频繁的组织变动。因此,小米需要借助新工具的力量来提升运营管理效率,并在提供标准化、高质量服务的基础上,为业务提供有价值的决策参考。小米的实践是依托现有 HR 系统多次开发完成了目前集员工/经理自助/绩效人才管理、数据存储和调用于一体的 HR 管理平台工具 HRSSC(人力资源共享服务中心)。

HRSSC 的成立会为企业承担重复性、事务性的基础工作,可从全球和跨区域角度优化和监控现有流程,使小米 HR 能够实现战略聚焦,让人力资源管理逐步完成从事务性工作处理向支持企业战略落地的目标转变。员工可以通过 PC 端或移动端系统轻松、便捷地完成休假申请与查询、薪资查询、政策咨询、业务办理预约与状态查询、流程发起与审批等操作,实现集中、标准化服务,并提升服务质量和员工满意度,形成智能云网络自助系统服务体系。公司管理者也可以借助系统强大的绩效人才功能模块高效地完成人才甄别,绩效管理。

考虑到国内员工更加习惯于"面对面"而非"自助式"的服务,HRSSC 同时也在不断地提升人工智能机器人"小爱"自助服务功能。另外,SSC 作为 HR 标准服务的提供者,也是 HR 数据的收集者。储存在云端的数据信息可以随时调用出来,而 SSC 要做的就是

让这些数据"开口说话"。借助 HR 管理平台另一强大的数据功能,通过对 HR 数据信息的统计分析,了解过去发生了什么或现在正在发生什么,从而诊断存在的问题及发生的原因,预测将来可能会发生什么,最终为企业提供科学的、可信赖的决策依据。

2.千人千面的自适应学习系统

作为一家员工平均年龄只有 27 岁、组织结构扁平的互联网公司,小米人喜欢去探索、去发现,乐于接受新兴事物和新知识,在个人成长上求知欲也很强。2018 年,小米开始打造自己的云学习 ELN 平台,考虑到企业和员工特点以及其他各方面因素,小米的 ELN 平台注重精品课程资源的打造、个性化的智能匹配和连贯的学习氛围。

根据不同的职能和岗位,每个员工的 ELN 界面推荐课程是不一样的。同时,为了保证课程品质,平台每月只会更新 2～3 门公开课,如果大家想提前解锁下一个月的课程,必须先将规定课程学习完毕,挣取相应积分,用积分去提前解锁课程。如果用户看到某一门课程特别好,想收藏,用于后续反复学习,也需要花费相应积分。甚至某一门课程特别受欢迎,学员很想参加线下课程,也需要花费相应积分众筹。利用智能模式下的学习解锁方式,学习云端的资源稀缺性更能刺激并保障每一位小米员工的学习需求。此外,定期的讲师答疑和分享、建立课程群组织相关活动、积分的相应奖励等方式确保学习氛围的活跃和持续。正式上线后,ELN 平台在公司内部员工覆盖率已达 90% 以上,每次课程留言讨论数达上百条。并且每个人的学习状态都可控可跟踪,培训成果清晰可见,真正做到让每一个人的需求都能得到"云"的回应。

资料来源:小米:智能时代云组织人才发展实践-哈佛商业评论(hbrchina.org)。

分析与思考:

小米是如何打造适应智能时代的企业人才生态环境?

第8章　平台型组织的学习与变革

【本章学习目标】

1. 掌握平台型组织学习的内涵和代表性理论；
2. 熟悉平台型组织学习的特点；
3. 了解平台型组织学习的未来趋势；
4. 掌握平台型组织变革的概念、目标；
5. 了解平台型组织变革代表性理论；
6. 熟悉平台型组织变革特点；
7. 了解平台型组织变革的实施策略。

【导入案例】

2018 年 5 月，一篇题为《腾讯没有梦想》的文章火遍全网，作者指出腾讯正在丧失产品能力和创新精神。这一年，腾讯确实处于重重困境中，在多个核心战场面临巨大挑战：QQ 用户数大规模下滑、游戏版号停发、朋友圈人均时长被突然崛起的抖音抢去大半、云业务面对阿里等劲敌。2018 年的前 9 个月里，腾讯股价下跌 40%，市值蒸发万亿元。

"是时候变革了。"在四万员工面前，马化腾一改以往温和的风格，其态度毋庸置疑，腾讯第三次变革序幕就此拉开。

1. 变革思路

一是抓住产业互联网浪潮，新设 B 端业务。将原本分散于社交、网络等各事业群的 B 端技术与服务相整合，统一对外开辟市场，具体操作包括：成立云与智慧产业事业群（CSIG），注入腾讯云、智慧零售、地图、安全等诸多板块。

二是进一步巩固消费互联网基本盘，合并 C 端业务。将所有面向用户的内容相聚合，具体操作包括：企业发展事业群（CDG）、互动娱乐事业群（IEG）、技术工程事业群（TEG）、微信事业群（WXG），这 4 个事业群保留；其他所有的 To C 业务，包括社交、信息流、长短视频、动漫影业、新闻资讯，从原有的事业群中剥离，重新打包成一个新的事业群——平台与内容事业群（PCG）。

2. 变革的过程

通过逐级诊断，腾讯识别了 8 个变革项目，并通过决策委员会（总办）、PMO 和项目组三层项目管理模式，持续推动落地，这些项目包括：CSIG、PCG 组织架构变革；技术升级:开源协同、自研上云;人力资源升级:包括干部重返战场、绩效变革、末位淘汰等;文化升级:升级新的使命愿景为"用户为先、科技向善";改造富二代:规范财经纪律,节省了大量的营销费用等。

3.变革的特征

腾讯变革的过程中体现了彼得·圣吉提出的组织学习"五项修炼"特征:

(1)自我超越

邀请大家直面问题。面临困难时员工更容易抱团,更会激发每位员工的自我实现动机。

(2)心智模式

基于成长思维,把内外吐槽看作成长机会,像马化腾所说"尖锐的批评对鹅厂是好事",在这个过程中修炼反思能力,升级心智模式。

(3)共同愿景

从总办—CVP—中干—员工,逐级邀请大家诊断腾讯,讲真问题,挖掘问题背后的原因,群策群力提出解决方案。在逐级诊断腾讯中,形成每个团队、个体的参与感和承诺度,形成共同愿景。

(4)团队学习

方向明确后,责任下放,如PCG的落地,交给总负责人Mark,主导3个BG内容相关的业务整合。为发挥QQ这个社交平台及长短内容结合的优势,需要深度协作,Mark推行了合伙人机制,以及内容+技术双中台等一系列变革。

(5)系统思考

首先,腾讯逐级诊断的过程就是调动变革势能、减少阻力的过程,从而形成良性循环。其次,腾讯没有在想变革时就立即变革,而是在做好重组的准备后,当"腾讯没有梦想""5问腾讯大企业病"等内外力量点燃变革意愿时,快速抓住时机推动变革。最后,腾讯准确识别核心抓手(杠杆效益点),例如:"CSIG、PCG架构调整""开源协同、自研上云"等变革项目,并通过有毅力的执行,从而带来组织进化。

资料来源:腾讯的组织能力是什么?

请思考:

1.请你根据所学知识,总结腾讯变革的特点。

2.腾讯"930变革"与组织学习之间存在怎样的关系?

3.通过了解腾讯"930变革",总结企业如何推动组织变革和组织学习。

8.1 组织学习与组织变革

8.1.1 组织学习与组织变革的概念

1)组织学习的概念

现今,全球经济环境变化的日益加快和技术竞争的日趋激烈要求企业通过持续变革来应对不可预测的情况,以实现可持续发展。为顺利驾驭全球变革浪潮,企业意识到组织学习已成为组织变革和成长的关键(Argote,2013)。

组织学习的研究起源于 20 世纪 50 年代 March 和 Simon 在《Organization》一书中提出"组织学习"(organizational learning)的概念。随后,Argyris 和 Schon 又在《Organizational Learning：A Theory of Action Research》中正式界定"组织学习"的含义,他们认为组织学习是指发现问题,通过重新构建组织的"应用理论"(theories-in-use)而加以改正的过程,并将组织学习划分为发现、发明、执行和推广 4 个阶段。自此,组织学习的研究开始进入学术界视野并吸引了大量国外学者的关注,他们纷纷从不同视角对组织学习进行界定和研究,目前比较有代表性的定义包括：从能力的视角出发,Jerez-Gómez 等人(2005)将组织学习定义为组织管理知识的能力,即创造、获取、转移和整合知识,并根据新的认知状况修正行为,其目的是提高组织的绩效。

从关系的视角出发,Gherardi 和 Nicolini(2000)将组织学习定义为,在一定的社会文化环境和人际互动中学习的结果。

从过程的视角出发,Argyris 和 Schon(1997)认为,组织学习是一个发现问题,找到解决办法,采用解决方案,调整方案实施效果的过程。

20 世纪 90 年代以来,我国学者开始关注组织学习领域,基于国外学者研究基础和国内组织现状进行了本土化研究并进一步丰富了"组织学习"的概念。其中影响最广泛的是陈国权和马萌(2000)将"组织学习"定义为：组织不断获取、创造和运用知识努力改善自身以适应不断变化的环境,从而保持可持续健康和谐发展的过程。

综合以上几种定义来看,组织学习是组织通过创造、获取、转移以及整合信息与知识,改善组织内部结构和功能,以提升适应环境变化能力,保持组织健康发展的行为过程。

2)组织变革的概念

"这世界上唯一不变的,就是变化",企业的成长和发展离不开组织变革。内外环境的变化、企业资源的整合和变动均为企业带来了机遇和挑战,这就要求企业关注组织变革(曹威麟,洪进,2015)。

组织变革(organizational change)的概念最早可追溯到 1940 年卢因(Lewin)提出的组

织变革三阶段理论,即"解冻-改变-再冻结"。随着科学技术的进步和经济全球化的全面发展,福特、通用电气等公司为适应外部环境变化纷纷进行组织变革。与此同时,组织变革的研究和理论也日益丰富和深化,学者们对"组织变革"提出了新的观点和看法,通过归纳整理为:

从变革的目的视角来看,Morgan(1972)认为组织变革的过程,可以实现组织有效率的运作,均衡的增长,保持内部合作,并使组织应对环境变化的能力更具灵活性。

从变革的过程视角来看,Michael(1982)将组织变革定义为组织经营、管理行为无法适应环境变化时,组织为应对环境变化而进行的调整过程。

从系统论的角度来看,Burke(2002)将组织变革分为个体、群体和组织等三个层次。个体层次的组织变革主要体现在人力资源管理各项职能的变化以及员工对这些职能变革的反应上;群体(团队)层次的组织变革既包括连续态的群体演变,也包括团队重组(如合并、分拆、解散等)、团队间冲突等离散态的重大变革;组织层次的变革同样既涉及连续态的组织发展或演变,也包括间断态的战略转型、结构重组、流程再造等革命性的变革(孟晓斌等,2008)。

综合以上观点,我们认为组织变革是组织根据外部环境变化和组织内部情况,及时地改变自身结构、技术、人员,以适应内外环境不断变化的过程。

8.1.2　组织学习与组织变革的关系

如今,企业正处于全球经济力量和科技发展日新月异的工业革命中,迅速变化的外部环境、激烈的市场竞争等对企业提出了更高的要求。早年,诺基亚、柯达商业帝国的没落,近年ofo共享单车的昙花一现……无不向我们说明:故步自封、一成不变的企业和组织最终只能惨淡收场。正如诺基亚CEO约玛·奥利拉在诺基亚被微软收购的发布会上所说:"我们并没有做错什么,但不知道为什么,我们输了。"事实上,在面对高度动荡和复杂多变的外部环境时,企业需要不断自身学习和自我更新汲取力量,通过组织优化和发展广泛地、动态地、生动地获取科学和知识,以确保面对环境刺激可以做出快速变革,从而在激烈的市场环境中得以生存,并保持一定的竞争优势。

正如前面提到的,企业需要进行组织学习与变革。二者的实施效果不仅影响着组织未来的发展,而且会对彼此产生一定的影响。具体来说,存在以下观点:

组织变革是学习型组织[①]的重要特征。Pedler等人(1989)描述学习型组织是一个促进其每个成员进行学习且不断改善自身的组织。其特征如下:

①含有鼓励个体学习并培养自身技能的文化环境;

②能够通过学习文化影响其相关公司及重要的股东;

③人力资源发展战略成为企业制度和政策的核心;

④不断地推行组织变革和革新。

---

① 学习型组织是指有意识地建立合适的结构和战略等以推动和扩大组织学习的企业或组织。

组织变革是组织学习的经验来源。Levitt 和 March（1988）指出,组织通过将历史经验进行编码汇总进而指导行为的惯例来学习。它具有如下重要特征:

①惯例独立于个体行为者,并且依赖于历史;

②它们根据对过去经验的解释(不一定是连贯的解释)而变化;

③它们随着新经验的积累而变化。因此,学习和变革,无论是有意还是无意的,都不可避免地交织在一起。

组织变革是组织学习的目标。Bowen 等(2006)认为:学习是竞争优势的主要来源,换言之,学习就是为了变革,每个组织都应该不断地演化,积极主动地演化应该成为组织的习惯。

组织学习是组织变革的源泉。企业经常学习各种经验、实践和结构框架(Argote,Beckman,&Epple,1990),其中一些学习发生在组织间层面,另一些发生在个体层面。当这种学习发生时,它会改变企业人员日常工作中的分布,进而改变企业运作的制度。

与以上观点不同,一部分学者认为:组织学习和变革相互联系,但是,它们之间的驱动关系并不清楚。其中,组织学习(例如知识创造)会因组织程序的变化而发生;另外,组织学习同样会决定变革的过程和效果(Senge et al.,1999),组织学习能力在解决组织问题方面的有用性决定了组织变革的成功与否,组织学习使成员能够领导变革,克服组织内外的一些挑战,最终实现组织绩效和目标(Gilley & Maycunich,2000)。反之,研究表明,许多组织未能成功完成组织变革,主要原因在于组织及组织内部员工抵制主动进行组织学习和变革,仅仅是被动地适应环境(You et al.,2021)。

8.2 平台型组织的学习

数字时代,企业必须以数字化技术为基础,塑造新型的组织形态,才能实现客户导向、极致竞争(刘绍荣 等,2019)。随着互联网经济的不断深入,平台型组织成为最有竞争力的组织模式,产生了许多平台型企业的典型性代表,如腾讯、字节跳动、美团、华为、小米等。对平台型组织来说,其所处的外部市场环境复杂多变,这不仅要求其领导者拥有远见卓识和战略布局,也要求整个组织具备强大的学习能力,能够不断适应动态变化的环境(陈国权,2009)。

8.2.1 平台型组织学习概述

1)平台型组织学习的概念

组织学习是通过创造、获取、转移以及整合信息与知识,改善组织内部结构和功能,以提升其适应环境变化的能力,保持组织健康发展的行为过程。而平台型组织是企业为了应对高度复杂的市场需求、不稳定的竞争和知识型员工日益增长的自主管理需要,充分利用高度透明的数据化治理技术,将专业资源集聚的规模优势和敏捷应变的灵活优势进行集成的开放型组织模式(刘绍荣 等,2019)。

平台型组织对员工个人能力及组织知识管理能力的要求是极高的。值得一提的是,与大多数人印象中平台型组织"干中学"(learn by doing)的理念不同,实际上,平台型组织拥有自己完整的组织学习体系和知识管理模式,例如:华为等筹办的企业大学,字节跳动每周举办的 Byte talk 分享会等。此外,作为平台型组织提供给员工/创客资源洼地中的重要模块,组织知识从来都是平台型组织的基础和关注的重点。随着资源共享日益开放,越来越多的资源被放置到云端,"平台"逐渐转变为"云平台",平台型企业的各项业务就逐渐以数据形式实现了在线化、网络化和智能化。由此,组织的各项知识将得以被萃取和沉淀,传统的制度、流程、方法论等被转化为模型、数据、基线等,成为企业的知识资源,并在一定程度上共享给员工/创客,为客户和平台创造新的价值。此外,为适应动态变化的环境,促进组织内部成员之间共享知识、反馈信息并及时响应,平台型组织结构逐渐扁平化、系统更加开放化。

综合来看,平台型组织学习是指平台型组织为实现发展目标,利用其技术优势,不断改善组织内部结构和运营模式,以促进信息和知识的创造、获取、共享和整合的过程,从而提高其适应环境的能力。

2)平台型组织学习的方式

目前,关于平台型组织学习的研究较少,尚未形成系统的理论和模型。通过回顾学术界对组织学习的探讨,结合平台型组织的特点,我们对平台型组织学习的方式进行一定思考。

(1)平台型组织学习的类型

以往,学者们从不同角度对组织学习的方式进行了划分(杨智等,2004),组织学习的方式如表8.1所示。

表8.1 组织学习的方式

学者	组织学习		
	I	II	III
Argyris & Schon (1978)	单回路学习	双回路学习	再学习
Bennis & Nanus (1985)	维持型学习	变革型学习	
Lyles (1988)	低阶学习	高阶学习	
PeterSenge (1990)	适应性学习	创造性学习	
Snell &Chak(1998)	单回路学习	双回路学习	三回路学习

资料来源:根据相关资料整理。

第一类学习是基础学习,发生在组织既定的规范、要求和目标内(Slater & Narver,1995)。通过这类学习,可以发现组织策略和行为的错误,并予以纠正,使组织运作效果符合组织既定规范和各项要求。学者们称其为单回路学习、维持型学习、低阶学习、适应性学习等。

第二类学习是组织对既有规范、要求和目标产生质疑（Slater &Narver,1995），并对其进行更正以适应环境变化（Senge,1990）。通过这类学习，组织不仅要发现组织策略和行为的错误，还要发现指导策略和行为的规范方面的错误，通过成功地转换组织运营模式增强组织学习和创新能力，突出组织竞争优势，最终大幅度地提升组织业绩。学者们将这类学习定义为双回路学习、创造性学习或高阶学习等。

第三类学习被称为"再学习"（Argyris & Schon,1978）或"三回路学习"（Snell & Chak,1998），是指推进组织学习时，组织成员通过回顾总结以往组织学习的过程和方式，找出有益于和有害于组织学习的因素，并提出有效的新策略帮助组织学习，以提高组织学习效率。这种学习与前两种学习的区别，可通过图8.1看出。

如图8.1所示，三类组织学习都是以取得实际结果为目标，但它们为达到这一目标所经过的路径各不相同。第一类组织学习是通过调整组织行为方式实现目标；第二类组织学习采用的方式是对已有规范和目标产生怀疑，通过修正心智模式来实现组织目标；而第三类组织学习则是通过建立新的心智模式来影响组织成果。

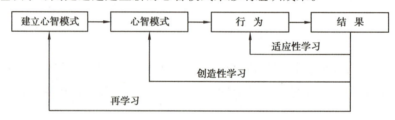

图8.1 三类组织学习的比较

资料来源：Snell & Chak（1998）

动态变化的外部环境、柔性灵活的组织架构及坚持学习的组织文化使组织学习已根植在平台型组织的基因中，并成为平台型组织奉行的信条。具体表现在高频率的第一类学习，周期性的第二类学习和主动性的第三类学习。

高频率的第一类学习。平台型组织需要连接两边或多边（人才、资源、市场机会），在新兴商业机遇和挑战中建立灵活的资源、惯例和结构组合并创造价值。平台型组织的属性决定员工个人、团队以及整个组织需保持敏锐，对外部变化的环境做出准确的判断，及时调整运营、行为模式以对满足各边要求做出响应。例如：字节跳动经常举行产品"吐槽大会"，由内部员工站在用户的角度吐槽自家旗下产品的缺点和改进空间，不断优化产品使用性能。

周期性的第二类学习。平台型组织处在动态竞争环境中，面对技术变革速度的加快和产品生命周期的缩短，平台型组织既需要保持高频率的第一类组织学习，同样也需要不断发现和纠正现有规范方面的问题，及时纠偏，转变运营策略，不断适应环境。例如：由于项目"铁三角"呼唤炮火的管理力度太小，华为自我否定了原来"少将班长"的提法，将其修正为"少将团长"，更符合一线的实际运作情况，也能更好地平衡辖区内的短、中长期利益。

主动性的第三类学习。由于市场竞争日趋激烈,为保持领先的市场地位,多数平台型组织倡导始终学习,拥抱变化。马化腾曾说:"敏捷企业、快速迭代产品的关键是主动变化,主动变化比应变能力更重要。"事实上,腾讯也是这样做的,2014年之前,腾讯采用"移动梦网"SP模式(实质是一种开放平台),但随着新产品的不断推出,腾讯意识到这种运作模式存在"天花板",难以实现体量的不断增长。为满足企业不断发展需要和用户的多样化、个性化要求,腾讯决定开放转型,打造"全产业链开放平台"。

(2)平台型组织学习的过程

相似地,以往学者们基于对组织学习含义的不同解读,对组织学习也进行了不同的区别,主要有以下几种分类:

从具体流程角度来看,Argyris和Schon(1978)认为组织学习过程可以分为发现(发现结果与期望之间存在的差异)、发明(寻找解决问题的方法)、执行(施行解决方法)和推广(将成功的方法传播到整个组织,使之成为组织规范或惯例)4个阶段。

从解释系统的角度来看,Daft和Weick(1984)则认为组织学习包括扫描(收集资料)、解释(赋予资料意义)、学习(进行学习行为)3个阶段。

从知识角度来看,Huber(1991)划分了组织学习流程。他认为组织学习包括4个阶段:①获取知识(获得知识的过程);②分配知识(组织内部分享不同来源的信息,并形成新的知识);③理解知识(组织成员共同理解知识);④组织记忆(组织将知识储存起来以供将来使用)。

从信息处理的角度来看,Sinkula(1994)把组织学习过程划分为信息获得、信息传播和共同理解3个阶段。Slater和Narver(1995)在Sinkula(1994)的基础上,将"组织记忆"作为组织学习的反馈阶段,使组织学习形成了封闭回路,而组织学习的流程则分为信息的获得、信息的传播、共同理解和组织记忆4个阶段。

从平台型组织内部个人、团队甚至组织进行学习的机制来看,其过程与Slater和Narver(1995)的观点较为吻合。其特点表现在,一方面,平台型组织多为扁平化组织且具备完善的内部协作系统,信息传播和流通速度较快,在获取信息后可迅速传递至不同的团队和个人。另一方面,平台型组织重视闭环,强调结果和反馈。就组织学习而言,获取、传播和理解知识的"开源"过程固然重要,但是只有将获取的信息和知识进行应用并得到相应的反馈(即"耗散"过程)才能形成良好的生态循环,正如任正非所说:"刘翔为什么能成为世界冠军?他得天天吃牛肉,但吃了牛肉如果不运动,岂不成了胖子?不断摄入能量,又不断耗散能量,如此才能成为世界冠军。"平台型组织学习的过程,同样是"开源+耗散"的过程,且这一过程周期随着激烈的市场竞争发生的愈加迅速和频繁。

8.2.2 平台型组织学习 VS 传统型组织学习

管理学大师彼得·圣吉认为,在一个变化越来越快、越来越复杂的世界里,企业应该通过不断学习发展自身的适应能力。那么在市场、技术及人才领域不断变化背景下应运而生的平台型组织在组织学习方面究竟与传统型组织有哪些不同?

1）平台型组织与传统型组织比较

在回答"平台型组织在组织学习方面究竟与传统型组织有哪些不同"的问题之前，首先需要弄清楚平台型组织相对于传统型组织究竟在管理理念、组织架构等方面发生了哪些关键性变化。唯有如此，才能从根源上理解平台型组织学习与传统型组织学习的差别。

Fiol 和 Lyles（1985）在权威期刊《Academy of Management Review》上发表的《Organizational learning》一文中指出，组织文化、组织战略、组织结构和组织环境是影响组织学习的重要因素。接下来，将从以下 4 个方面比较平台型组织与传统型组织的差异。

（1）组织文化

在组织文化方面，Beyer 等人（1981）认为组织文化潜移默化地影响着员工、团队及组织的行为和选择。与此相似，Miles 和 Snow（1978）的研究也指出，组织文化在一定程度上决定了组织学习和变革的方向。

传统型组织企业文化具有如下特点：①组织目标和愿景来源于高层。员工负责完成任务以支持组织目标的实现。②具有一定的个人英雄主义色彩。强调企业领导具有文化意识，需克服短期行为及思考肤浅，更深刻长远地考虑问题。③具有明显的附属性和滞后性。传统企业文化的作用仅仅被理解为激励、感召和凝聚，随着企业的发展而发展，滞后于企业经营。因此，在传统型企业中员工和团队难以获得工作的成就感与认同感，只是按部就班地完成任务，缺乏主动学习的意识。

与传统型组织不同，平台型组织强调组织的共同愿景，使组织成员产生的价值观、工作和学习目标趋于一致；强调个人学习是组织学习的基础，引导员工认识到个人学习的重要性，倡导员工有自我超越的精神追求；强调创新、改变。平台型组织需要不断满足各种需要，应对环境变化，知识更迭速度较快，同时也需要组织员工不断地更新观念、开阔视野，积极参与组织变革和企业文化创新。

（2）组织战略

学者认为组织战略通过提供决策边界和为解释环境提供背景而影响组织学习。具体来说，传统型组织的战略为计划管控型，聚焦于具体业务计划的制订，以中短期的市场地位和经济效益为战略目标，战略管控自上而下以领导的目标企图为核心，战略思考逻辑是基于已有资源制订封闭性业务计划。因此，传统型组织学习的重点在于业务本身的优化，且由于计划管控型的模式，传统型组织学习带有强制性的色彩，员工发挥主观能动性的空间较小。

而平台型组织的战略则为创业型战略，专注于使命的设定，以中长期的客户价值创造和社会效益为战略目标，战略管控分为自上而下的使命传导和由外而内的客户响应，战略思考逻辑是从使命出发构建内外开放的动态商业模式（刘绍荣 等，2019）。因此，对平台型组织而言，学习的目标更加长远，视野也更加开阔，不仅要解决当下的、内部的问题，还需预测未来的、外部的问题，并且由于平台型组织关注长远利益，因此组织内的学习较为灵活，员工、团队具有充足的学习空间，有助于营造组织学习氛围。

（3）组织结构

Hrebiniak 和 Joyce(1984)认为，组织结构在组织学习过程中起着至关重要的作用。Duncan(1974)指出，集权的、机械的结构倾向强化过去的行为，而一个有机的、灵活的结构则倾向想法和行动的转变。此外，通过减少信息需求，分权结构减少了个体认知工作量，从而提高了新模式和想法的推广度（Galbraith，1973）。因此，Meyer(1982)认为"形式化和复杂的结构会阻碍学习，而分权灵活的结构则会增强学习"。具体来说，传统型组织的科层治理强调通过等级权威和集权控制等正式制度使无序且不确定的生产要素有序化，以降低交易成本，提高交易效率。因此，对集权的传统型组织而言，信息传播、应用、反馈的效率较低，组织学习开展的效果难以达到最优。

平台型组织打破了传统的科层设置，使人才、资源与市场机会直接对接，能够创造单独一方无法创造的价值。平台由核心成分、可变成分、互动成分组成，在不确定性高的环境下能够更快速实现资源的重新配置，使企业内部资源与广泛的外部资源实现灵活对接（韩沐野，2017）。外部动态的环境、内部灵活的资源配置为学习的发生创造了空间，有助于平台型组织内部信息的产生、获取、传播及应用，同时极大地提高了学习效率。

（4）组织环境

Hedberg (1981：5)认为"学习既需要变化，也需要稳定"。组织内外部的环境过于稳定会导致"萧规曹随"的局面，即如果既定的行为永远不会过时，就没有什么学习和做出改变的诱因。相反，如果所处环境过于动荡或变化太多，学习者则难以评估他们所处的环境和开展的学习活动。具体来说，传统型组织所处的内外环境较为稳定，组织内的个体和团队开展主动学习的积极性不高，缺乏学习动力和热情。

平台型组织则与之不同，多数平台型组织是因市场等外部因素影响由传统型组织转型而来，其所处行业和对接各边复杂多变，故而，平台型组织主张拥抱变化，积极自驱，为适应环境不断开展组织学习，甚至要求组织嗅觉敏锐、目光长远，走在变化之前。另外在内部环境方面，平台型组织保持柔性组织的优势，让员工或团队获得独立处理问题的能力，独立履行职责的权利，迅速、准确地做出决策，实现"人尽其才"，在面对外部环境变化时无须频繁地进行内部调整，为学习营造了稳定的内部环境。

2）平台型组织学习的特点

基于以上平台型组织与传统型组织的比较可以发现，组织文化、架构等方面的差异对两种类型的组织学习产生了不同的影响。具体来说，与传统型组织学习相比，平台型组织学习具有如下特点：

（1）企业文化驱动的组织学习

与传统型组织学习相比，平台型组织学习的氛围更浓厚，它根植于平台型组织的企业文化。平台型组织能力无边界与应变极致化的内在要求决定了其对人才和组织学习的需求（刘绍荣 等，2019）。由此，多数平台型组织更加强调学习的重要性，以引领组织员工、团队及整个组织不断优化解决方案、探索未知领域，以在激烈的市场环境中占有一席之地。例如，字节跳动的企业文化"字节范儿"中就明确提出了学习要求：号召员工"追求极致",不断提高要求,延迟满足感;在更大范围里找最优解,不放过问题,思考本质;持续学习和成长。

(2)组织学习常态化

与传统型组织相比,平台型组织处于急速变化的商业环境中,"探索"成为平台型组织应对变化的关键词。很少有平台型组织的高管可以"稳坐钓鱼台",制定长期战略,逐步落地并实施方案。甚至华为的 CEO 任正非也曾说:"华为已感到前途茫茫,找不到方向。华为已前进在迷航中。"

目前,平台型组织的战略制定就像"边开车边加油",这种边学、边干、边调整的方式成为企业高管的新挑战。同时,对普通员工和团队而言,面对难以预测的环境和及时调整的业务,不断更新业务知识、提升个人素养和团队战斗力已经成为获取更好职业发展的必然要求。因此,在平台型组织中,学习不再是定期开展的活动,而是工作的日常。

(3)新的学习方式——共创式学习

在 VUCA 时代(volatility 易变性、uncertainty 不确定性、complexity 复杂性、ambiguity 模糊性),传统型组织学习的方式,如企业大学、培训中心、组织发展部等都受到了不小的冲击。传统的以完善的课程体系为基础、面对面的信息传播和知识传授的学习方式,已经无法满足平台型组织的需要。对平台型组织而言,在创新过程中,集合相关的工作人员就共同的话题各抒己见,从不同的角度开展群策群力的研讨,最终达成方案和共识,已成为较常见的学习和工作方式,比如字节跳动的"拉个群,对一对"。甚至在专项培训中,平台型组织也做出了改变。

8.2.3 平台型组织学习实施策略

为响应外部环境的变化,平台型组织学习的过程需要高效进行,既需要密切的人员互动,又需要及时的知识创造和传递。对这样的学习过程而言,需要具备完善的软硬条件,规划有条不紊的学习过程。

1)平台型组织学习的要素

具体来说,平台型组织学习需要具备以下条件。

(1)明确定义的范围和目标

组织的最终目标是什么?学习的目标是什么?涵盖哪些业务领域?在此过程中,究竟想实现什么目标?这些是管理者制订学习策略时必须问自己的一些重要问题,定义战略的范围和目标是最终实现预期结果的良好起点。

(2)心智模型

每个员工都有一个关于组织如何运作的心智模型。这包括组织结构如何运作,公司的价值观和目标是什么,以及组织文化如何运作。管理者需要了解员工的心智模型,这样做可以得知组织在哪里以及需要做什么才能达到组织目标。

（3）共同愿景

共同愿景是使公司使命与个人心智模式保持一致的积极过程。从本质上讲，共同愿景帮助员工认识管理者对组织的期望并与其保持一致，在一定程度上回答了"需要做什么以及为什么需要这样做"的问题，这有助于员工支持组织学习。

（4）团队学习

组织学习必须有很多机会来分享知识和进行富有成效的讨论。团队学习是组织学习中最重要的部分，在积极的团队学习环境中，员工乐于冒险尝试新想法和产生巨大的改进。这极大地提高了员工主动学习的乐趣，并营造了积极的学习氛围。

（5）学习工具

组织学习不是一次性活动，而是一个跨越部门和团队的持续过程。鉴于采用此过程的规模，需要正确的工具来简化事情并存储积极的结果。例如，管理者可以部署知识库软件，以便轻松收集、共享和管理知识。

2）平台型组织学习的程序

组织学习是一个包括个体、团队及组织的系统过程，需要不断地实现信息和知识的创造、获取、共享和整合。平台型组织学习更为常态化，因此需要更系统、完善的学习过程，可以分以下几个步骤。

（1）建立牢固且具有支持性的学习发展体系

正如不能在松软的土地上盖房子一样，没有完善的学习和发展体系，便难以成功地实施组织学习。员工必须了解自己的角色，而管理者则需要选择合适的工具培训员工。更重要的是，管理者需要让员工对企业产生归属感、认同感和责任感，这涉及对公司使命、文化及学习和发展目标的认同。因此，学习发展目标必须到位，这样才能够指导员工建立一个合理的框架并找准定位。

（2）确定内部专家

协作和开放的知识共享是组织学习的关键，管理者需要确定团队中哪些成员拥有所需的技能和知识，然后制订一个合理的计划，使这些成员尽可能有效地在团队中传播知识，如：建立学习小组、分享会等学习分享机制。

（3）将团队领导者变为培训主讲人

团队管理者的地位举足轻重，是最有说服力的培训主讲人。因此，组织需要为团队管理者提供充足的条件，让他们能够为下属提供持续性的指导和帮助，以及定期分享他们的经验。

（4）制订可衡量的绩效标准

"系统思维"强调必须有明确、具体的标准来衡量员工的绩效。这是一个渐进的、有机的过程，可以随着时间的推移进行微调。但无论如何，管理者需要制订一个与学习目标一致的可衡量的绩效标准。

（5）提供持续强化和知识更新的机会

组织学习是建立在持续的专业发展上，管理者必须为团队的每个成员提供专业的工具来弥补知识差距并磨炼他们的技能。反过来,每个员工都必须专注于过程和持续成长,关键在于为员工提供他们可以自我监督的强化工具,而不是使他们被迫参加强制性培训。因此,鼓励员工进行自我评估,找出问题和差距,实施个性化培训方案,并辅以学习资源以提高知识保留率是较为可行的办法。

(6)鼓励自主探索和试错学习

尊重个别学习者和整体。培训等学习方式不仅需要实现集体学习目标和保持合规性,更需要鼓励员工自主探索,以便员工承担有计划的风险并犯错,促使其不断成长。例如,模拟可以帮助员工从错误中学习,从而避免在工作中重蹈覆辙。

(7)征求学习反馈并不断改进

建立学习反馈机制。听取员工的真实想法和建议,不断优化组织的学习体系和机制,使员工在组织的支持下能够充分学习,实现个人、团队以及组织的信息创造、传播、共享、整合的通路。

8.3 平台型组织的变革

没有永远的企业,只有时代的企业。组织只有不断变革创新,才会充满青春活力,反之,可能会变得僵化。专业化、细分化和动态化的客户需求,极限化且不稳定的市场竞争,技术转型升级及知识型员工自我管理的需求是推动平台型组织形成的主要力量,也在不断推动着平台型组织进行新的调整和变革。

8.3.1 平台型组织变革概述

1)平台型组织变革的概念

组织变革是组织根据外部环境变化和组织内部情况,及时地改变自身结构、技术、人员,以适应内外环境不断变化的过程。企业转型之路历来艰辛,平台型组织因"信息技术"和"人"两大因素的动态变化同样具有诸多障碍。

具体来说,不同于传统型组织,平台型组织具有如下特点:①强调客户导向,前端牵引,快速响应,以满足客户需求、增加客户价值为企业经营出发点,简化内部程序,促使组织扁平化,通过"平台+前端"的方式,打造贴近客户的敏捷性组织。②强调开放协同,打开组织边界,实现协同共享。平台型组织可以像柔性组织一样,拓展组织边界,持续整合内外部资源。③强调数字决策,内部各专业基于数据共享实现融合共享,汇聚需求侧信息,反向整合供给侧信息,实现供需对接、数据赋能、数据驱动、数据智能。

对平台型组织而言,组织变革的过程"牵一发而动全身"。因此,多数平台型组织变革是彻底的,覆盖组织的各层面。例如:腾讯的"930变革"涉及技术、人力资源、文化、组织架构、组织规范各方面的升级和转型;2018年美团组织变革不仅将原平台事业群的点评平台与到店综合事业群合并为"点评平台及综合事业群",推出酒店业务,并进一步提出了"Eat Better,Live Better"的公司使命。此外,就组织变革的结果来看,平台型组织变革的结果多数实现了业务板块的扩充和用户数量的增长,并不断向组建平台生态演化,例如腾讯 CSIG 和 PCG 平台的搭建及美团酒店业务的爆发式增长。

综合平台型组织及其变革的特点,平台型组织变革是指平台型组织根据其所处内外环境变化,及时地调整其业务、结构、技术、人员、文化等,以不断实现供需平衡,达成参与者协同,最终构建良好的平台生态。

2)平台型组织变革的理论

目前,关于平台型组织变革的理论研究较少。为数不多的研究从演化角度对平台型组织的调整提出了看法,例如:Cockayne 在 2021 年 *Academy of Management Proceedings* 上分享了自己的研究 *An Evolutionary Model of Platform Organizations*,认为平台型组织的演化包括:平台成长阶段;平台竞争阶段;平台适应性行为阶段;平台可持续性阶段;平台品牌重塑阶段;平台失败阶段。

①平台成长阶段。从建立一个平台型组织开始,要使其不断适应环境及供求变化需求。通常情况下,平台成长阶段会持续下去,直到平台公司达到临界规模。一旦平台公司达到临界规模,就会在相关领域觊觎更高的市场份额,变得更引入瞩目,并吸引现有公司的注意。

②平台竞争阶段。在平台型组织发展的第二阶段,组织有两种选择:第一,为保护已有的市场份额和获取更多的份额向根深蒂固的企业发起冲击;第二,将自己的平台转化为规模小但是通用的平台。

③平台适应性行为阶段。在适应性行为阶段,平台型组织会选择资源重组或资源重新部署策略,以保护现有地位或抢占更好的地位。根据适应性行为阶段的结果,平台型组织可能会进入平台可持续阶段或品牌重塑阶段。

④平台可持续阶段。该阶段是指平台型组织不断改变任务,通过各种机制维持平台的各个方面,包括创造经常性需求、适应和个性化等,而不是吸引更多的客户。

⑤平台品牌重塑阶段。品牌重塑阶段的挑战包括适应不确定性和复杂性相关的问题。

⑥平台失败阶段。该阶段是指由客户抛弃、网络管理不善和管理问题导致的平台公司的死亡和解散。

在此之前,徐晋在《平台经济学》一书中分享过自己的观点,他认为平台型组织的演化过程中主要涉及 3 个阶段,从初级到高级分别为平台寄生、平台共生和平台衍生阶段。

在平台寄生阶段,各子平台需要长期或暂时依附于其宿主(母平台)而生存,子平台对母平台具有很强的依附性,依赖于母平台的资源和影响力。一旦子平台离开母平台或者母平台瓦解,子平台也将无法继续维持。

在平台共生阶段,平台之间或者母、子平台之间,共生互利,彼此受益且相互依存,双方均以自身的影响力、资源和平台特性影响对方。如果二者分离,双方都难以很好地存续,甚至会导致一方平台或多方平台的崩溃。

在平台衍生阶段,母平台作为主体衍生出子平台,或者母平台与衍生的子平台共同发展。事实上,这些平台之间未必存在着寄生或共生的关系。

3)平台型组织变革的原因

为适应不断变化的内外环境,平台型组织坚持贯彻执行组织变革,才能不断适应发展的形势。具体来说,平台型组织变革的诱因主要包括外部环境和内部条件两个方面。

一方面,"物竞天择,适者生存",外部环境诱发平台型组织变革的原因主要包括以下几个方面。

①国际、国内经济形势变化。外部经济环境的变化直接影响与企业关系密切的产品市场、资本市场和劳务市场,从而对企业的经营战略产生重要影响,尤其是对布局国际化战略的平台型组织而言,经济形势变化对其影响更是不言而喻的。

②国家政策、法规的颁布和修订。国家政治经济体制改革和政策调整会影响组织的战略和结构。近期,我国修订了《反垄断法》、设立了国家市场监督管理总局反垄断局,以及"双减"政策的出台,需要各平台型组织进行变革和调整以适应国家政策的变化。

③国际、国内市场环境变化。市场环境变化是平台型组织变革的核心动因。一方面,市场竞争愈演愈烈,平台型组织需要根据竞争对手的变化,及时做出变革与调整。另一方面,顾客需求的多样化和个性化,使为用户创造价值的平台型组织不得不针对顾客的需求及时做出反应。例如:随着QQ用户量的不断下降和Kik、米聊等免费聊天软件市场占有率的扩大,腾讯逐渐意识到需要开发全新的产品以保卫聊天软件市场。

④科学技术的进步。科学技术的进步是促进平台型组织变革的强大动因,它不仅能使企业主动拓展业务范围还改变了企业内部的运作模式。近期,新技术革命的兴起,互联网技术、大数据技术、云计算、区块链、人工智能等自动化技术正在向平台型组织价值创造的深层次环节渗透,也将不断推动着平台型组织变革。

另外,组织内部条件因素同样会影响组织目标、结构的调整和变化,从而引发组织变革。具体来说,主要包括以下几个方面。

①企业技术的进步。企业迎合或引领时代做出的技术改进,必然会随着时代趋势的变化成长壮大。当这类技术成熟到具备独立发展能力时,组织会因其而做出调整和变革。例如:从2015年腾讯云快速布局以来,每年都以超过100%的营收增长。2018年7月发布的《中国公有云服务市场半年度跟踪报告》显示,腾讯云在国内的市场份额已经超过10%,排名第二位。对于这类先进的符合时代发展诉求的技术和朝阳业务,腾讯在2018年的变革中为其单独开辟CSIG(云与智慧产业)事业群。

②企业员工的变化。人员素质、人员结构的变化,以及员工对工作的期望与价值观的改变都会引起重视人才的平台型组织的注意,从而产生一系列动作。例如:网易发现一些绩效一般的老员工形成了"小团伙",他们平时产出不高,但拆台和损耗别人的能力极强,对组织造成了非常大的负面影响。网易为了改善这种情况推出了"昵称"变革,取消内部员工"哥""姐""总"的代号,一律称呼花名,以此来淡化上下级之间的等级制度,营造团队成员平等的工作氛围,提高内部沟通的流畅度和效率。

③企业战略或经营目标的变化。组织战略决定组织架构的设计和资源分配的优先次序。当组织的战略或目标发生变化时,组织的结构、技术、业务必然需要进行相应的调整。例如,腾讯率先提出"互联网+"战略,将未来愿景定位为"连接一切"。当完成了人与人、人与信息、服务的连接之后,腾讯需要快速具备面向 B 端服务的能力,迅速向产业互联网靠拢。于是,在"930"变革中腾讯成立了专门的 B 端业务事业部。

8.3.2　平台型组织变革历程与未来

1) 传统型组织向平台型组织转型

(1) 变革原因

毫无疑问,组织转型需要投入大量的成本,且转型成功的企业屈指可数,但最近管理实践界掀起了向平台型组织转型的热潮,纷纷效仿腾讯等平台型组织的做法,其原因何在? 具体来说,可以概括为以下几点(穆胜,2018)。

①企业内部官僚化。这些"企业病"主要可以概括为:横向协调困难,难以调动资源;纵向沟通阻滞,难以实现授权、分权;流程环节复杂,效率低下;员工循规蹈矩,只顾完成工作,忽视组织利益。

②管理双杀效应。一"杀"是指员工动不起来,被企业自己耗死,即由于企业越来越大,分工极度精细,每个人都变成了企业的零件,为自己的动作负责,而不再为企业的经营结果负责,其典型的数据表征是人力资源效能下降;二"杀"是指企业创新乏力,被外部环境杀死。由于企业分工极度精细,每个员工的关注点都是自己的动作是否完成,习惯用动作换取绩效指标,用指标换取薪酬,忽视市场需求,难以满足用户需求,最终典型的数据表征为财务效能下降。

③互联网时代的不确定性。"黑天鹅"①和"灰犀牛"②事件频发,极大地影响了企业的正常运营,例如:行业政策性抽贷、最严格环保政策、中美贸易战、新冠疫情等。因此,如何建立一种有韧性的组织成为管理者不得不思考的问题。

(2) 变革的关键

传统科层组织的"大企业病"暴露无遗,转型为平台型组织成为传统型企业轻盈、灵活、有韧性的选择之一。总体来说,向平台型组织转型的关键在于把握"一个基石,两个前提,三个组织提升"(刘绍荣等,2019)。

一个基石——强化数字基因:以构建智能化大数据技术为基础,链接包括企业内外整个平台的全产业链信息系统。

两个前提:①重构战略基点,放弃传统的事无巨细的完美战略计划,构建基于客户的开放化可调型战略。②转变领导风格,从传统的业务型领导、家长式领导转变为呼唤使

---

① "黑天鹅"事件指难以预测但有重大影响的事件。

② "灰犀牛"事件指人们习以为常但有重大影响的事件。

命愿景的领导。

三个提升:①重构组织逻辑,推倒传统科层的金字塔结构,构建开放互联的智慧型平台结构。②再造治理体制,颠覆传统的逐层代理、严格管控和低能激励的模式,构建共享开放型治理和高能激励模式。③重塑组织能力,打破传统的静态人才培养体系,构建开放化、动态化的人才生态网络。

(3)变革的步骤

根据苛特·勒温(Kurt Lewin)经典的变革三步骤模型,即"解冻-变革-再冻结",传统型组织向平台型组织变革分为以下步骤(刘绍荣,2019)。

①解冻。解冻阶段的关键在于打牢基础。首先,统一变革认知。传统型组织如果想实现彻底的解冻和变革,需要进行意识层面的彻底重塑,破除对平台型组织变革的认知障碍,使组织内部大多数人认可向平台型组织变革转型的做法。

其次,打造"变革发动机",向平台型组织转型需要不断地输入"拉力"和"推力"。"拉力"牵引着平台型组织不断地朝着更完善、更系统的方向前进。"推力"则从旁协助并进一步加快变革的进程。为了获得强大的"拉力"需要构建信念一致的变革领导团体,推动组织变革的开展。为了获取强大的"推力"需要全员参与进来,让员工能够逐步接受变革的运转逻辑,主动采取积极的行为推动平台型组织转型进程。

②变革。变革阶段需要把握变革的策略和节奏。首先,需要把握平衡。战略层面需要实现长期使命型战略与中短期经营计划的平衡;组织层面需要实现专业化赋能中台与创客化前台的平衡;治理层面需要实现市场化交易机制与计划型调控机制的平衡;人才层面需要实现内部专有人才培养与外部人才网络搭建的平衡。

其次,建立"重点突破、多点发力"的变革推进模式。建立系统的推进模式,在自身资源能够支持的范围内快速有序地推动企业的整体转型。

最后,全面把握平台型组织的组织变革各层面的推进路径。战略层面,从专注业务的"计划型战略"逐步过渡为"使命型战略+核心业务战略",最后完全转变为"使命型战略";管理者层面,需要管理者从任务的发布者、安排者转变为共创型的领导,组建辅助性的领导团队帮助自己;组织层面,应将重点放在赋能中台的整合和能力提升上,夯实企业发展资源地基,并在赋能中台整合进展顺利的前提下,大力推进前端创业体的发展;治理层面,采取局部试点到全面推进的步骤较为合理;人才层面,企业应重点革新并持续优化内部人才的培养及选拔机制,并有意识地逐步搭建外部人才备用网络。

③再冻结。平台型组织变革在取得阶段性成果后,应该进行"再冻结"。但这里的"再冻结",意思是一种时刻准备再升级优化的冻结,一方面,需要不断巩固阶段性成果,另一方面,需要不断加速推动变革过程。

2)平台型组织现状

平台型组织形式克服了传统科层制的弊端,使组织运作更加灵活和开放,能够实现对个性化市场的专业满足和对高迭代环境的及时应变,是处于动态环境中的企业的最佳组织形式。但平台型组织仍存在一些有待改进的部分。

首先,平台型组织由传统型科层组织转型而来,因此仍带有一定科层制的色彩。例如,各职能部门依然存在且界限清楚、明确,部门之间依旧通过专业分工划定职责。

其次,平台型组织中领袖的作用依旧明显。虽然平台型组织设置了决策委员会的机制,但是难以否认的是组织领袖在决策中发挥的作用依旧显著。

最后,平台型组织需要组织成员之间密切的沟通交流和有形的激励机制才能确保组织的顺利运作,因此,员工需要花费时间和经历去了解组织内部的体系和机制,并在此基础上进行频繁的沟通才能达成共识,推进工作。

3)平台型组织变革的未来

平台型组织未来将何去何从?如何优化平台型组织结构才能克服平台型组织存在的问题,不同研究者从不同视角给出了自己的看法。其中,影响范围较广的是平台型组织向生态型组织转型的观点。

(1)生态型组织的概念

生态型组织的概念起源于 1977 年迈克尔·哈南(Hannan)与约翰·弗里曼(Freeman)提出的组织生态和企业种群的概念。它强调企业或组织并非孤立存在的,而是与其所在的复杂环境(供应商、客户、竞争者和政府等)关系密切的,因此,企业应该追求的是与利益相关者共同成长和进化,以实现生态红利。在互联网时代初期,就有一种声音"无生态,不互联",而随着互联网企业的不断发展,企业逐渐搭建自己的生态框架,朝着生态型组织不断前进。现今,关于"生态型组织"的概念,管理实践界总结为:企业基于顾客价值的创造和持续满足,链接组织内外资源,价值链成员互为主体,跨领域合作与共享,所形成的一种灵活高效、多赢共生、系统服务客户的有机共同体。

(2)平台型组织与生态型组织的比较

根据杨少杰(2019)《进化组织管理形态》一书中的观点,生态型组织具备三大特征,即高度灵活、新陈代谢、自我更新,与"平台"相比,"生态"自我繁殖、自我发展、自我修复的特征更加突出。"平台"阶段的主要使命是构建内部市场以及设计交换规则,进入"生态"阶段时,企业内部市场逐渐成熟,价值交换日益频繁,内部市场与外部市场的竞争活动让"生态"的新陈代谢功能加快,业务内容更加复杂,促使生态系统越来越繁荣。这时企业形态从封闭型迈向了开放形态,企业边界变得模糊,产业链上的客户可以很容易进入企业生态系统中,成为生态系统中的一个物种,同样企业内部的物种也很容易走出生态系统,这时开放性及价值创造能力将导致生态型组织与外部市场形成同频变化。

在实现功能方面,生态型组织需要完成两项重要工作:一是要形成新陈代谢,当内部市场进入成熟期后,"食物链"将通过内部市场规则对所有物种发挥"物竞天择"作用。企业除了战略管理功能由核心团队承载,其他功能都将融入生态系统中,扮演某类特定物种角色,生态系统越繁荣,新陈代谢速度越快。二是维护价值基础,即企业的价值创造能力。这是一个生态系统不断发展的动力,所有物种都会直接或间接地与价值基础产生联系,价值基础对应某类市场需求,当市场发生变化时,价值基础必须能够及时改变,维护价值基础需要强大的创新能力,这也让创新力成为生态系统存在的源泉,没有了创新力,生态系统就会很快凋零。

在管理模式方面,与平台型组织的"三引擎"模型(事业部矩阵型结构、项目管理方式、二员管理基础)不同,生态型组织以流程型结构、流程管理方式、角色管理基础为"新三支柱",具体参见表8.2。

表8.2　平台型组织与生态型组织比较

企业类型	平台型组织	生态型组织
主要目标	构建内部市场	实现新陈代谢
实现功能	1.价值交换规则 2.内部市场建设	1.加快"新陈代谢" 2.维护价值基础
管理模式	三引擎模型	新三支柱模型

(3)生态型组织特点

管理学者和业内专家认为,生态型组织具有以下8种特征(陈春花,赵海然,2018)。

①场景赋能。生态型组织是销售服务场景的赋能者。在未来的市场,销售的游戏规则不是竞争趋同,而是竞争求异。销售组织的未来不再是"帝国",而是"盟国"。每个参与者将属于自己的部分定义清楚,并不断优化,最终组合在一起,画出销售的无界场景,构成未来共生、互生、再生的商业生态。

②跨界协同。组织具有充分的独立性和自主性,同时组织之间基于协同合作进行信息和资源的共享,通过共同激活、共同促进、共同优化获得组织任何一方都无法单独实现的高水平发展。

③互为主体。生态型组织的成员间不再有主客体关系,而是彼此互为主体。复杂多变的环境要求组织从单一的线性协同模式转向跨组织的多维协同模式,其本质追求是创造多维协同模式下的跨领域共生价值体,围绕顾客进行既定价值主张的重构。

④整体多利。合作组织之间相互吸引与相互补充,最终做到从竞争中产生新的、创造性的合作伙伴,相互激发,高效互动,产生出更多的价值创造。

⑤网络链接。生态型组织是网络型组织,在组织内部减少了传统的管理层级,破除了自上而下的垂直管理结构,将权力下放到基层。在互联网、物联网的加持下,生态型组织更具灵活性、流动性,组织成员拥有更多的自主发展空间。在组织外部,基于顾客价值创造,生态组织展示出更强大的连接与互动。面对市场,通过高效、快捷的响应,富有柔性和创造性地调动内外部资源,进行整合和沟通,能够迅速、灵活地对外部环境的变化做出反应。

⑥效率协同。现今,组织绩效逐渐由内部转向外部,因此组织需要解决的整体效率,既包含内部效率,又包括外部效率。而传统分工、分权、分利的方式已经无法满足组织对整体效率的要求,整体效率的实现逐渐依靠组织间的合作协同程度。

⑦技术穿透。围绕公司能够创造顾客价值和提供极致体验的方向,展开更广泛的链接和集合,再打造一个不断开放边界的技术生态,把数以万计的不同企业和创新团队集合在一起,构建持续不断的创新输出,也因此把顾客与平台黏合在一起,组成更深度的顾客互动以及价值创造。

⑧布道牵引。在生态组织中,领导是一个牵引陪伴、协同管理和协助赋能的过程。

8.3.3　平台型组织变革实施策略

谷歌、IBM、华为、腾讯等国内外知名企业都致力于打造适合企业自身的生态型组织。华为企业 BG 副总裁马悦认为,"未来十年将是新 ICT 技术蓬勃发展的十年,华为认为新连接、新计算、新平台和新生态将为智能世界 2030 打造坚实底座"。华为将打造由销售、解决方案、服务、投融资运营、人才联盟、社会和产业等 7 类主要伙伴组成的新生态。那么如何实现平台型组织向生态型组织的变革呢?

学术界和实践界正在不断探索这个问题,目前可以得出的是,平台型组织需要通过区块链技术驱动去中心化生产革命,区块链技术包括分布式数据存储、点对点传输、共识机制等技术叠加的新型应用模式,通过叠加和创新应用,区块链创造了新颖的去中心化社会协作机制,并构建了一个平等、安全、信任、高效的网状协同架构,从而使信息的完全对称、价值的高效传递及群体共治成为可能。总而言之,平台型组织向生态型组织的转变需要以技术为先导,辅之以结构、人员,文化的调整,不断实现灵活高效、多赢共生,打造系统服务客户的有机共同体。

【本章小结】

平台型组织学习是指平台型组织为实现发展目标,利用其技术优势,不断改善组织内部结构和运营模式,以促进信息和知识的创造、获取、共享和整合的过程,从而提高其适应环境的能力。

与传统型组织学习相比,平台型组织学习具有如下特点:企业文化驱动的组织学习;组织学习常态化;新的学习方式——共创式学习。

平台型组织学习的要素:①明确定义的范围和目标;②心智模型;③共同愿景;④团队学习;⑤学习工具。

平台型组织学习的程序:①建立牢固且具有支持性的学习发展体系;②确定内部专家;③将团队领导者变为培训主讲人;④制定可衡量的绩效标准;⑤提供持续强化和知识更新的机会;⑥鼓励自主探索和试错学习;⑦征求学习反馈并不断改进。

平台型组织变革是指平台型组织根据其所处内外环境变化,及时地调整其业务、结构、技术、人员,文化等,以不断实现供需平衡,达成参与者协同,最终构建良好的平台生态。

平台型组织变革的外部原因：①国际、国内经济形势变化；②国家政策、法规的颁布和修订；③国际、国内市场环境的变化；④科学技术的进步。内部原因：①企业技术的进步；②企业员工的变化；③企业战略或经营目标的变化。

传统科层组织向平台型组织变革的关键：一个基石，即强化数字基因；两个前提，即重构战略基点和转变领导风格；三个提升，即重构组织逻辑、再造治理体制和重塑组织能力。

生态型组织是指企业基于顾客价值的创造和持续满足，链接组织内外资源，价值链成员互为主体，跨领域合作与共享，所形成的一种灵活高效、多赢共生、系统服务客户的有机共同体。

【复习思考题】

1. 什么是组织变革？什么是组织学习？
2. 简述组织学习与组织变革的关系。
3. 与传统组织相比，平台型组织学习有哪些特点？
4. 平台型组织学习的要素有哪些？
5. 平台型组织变革的原因有哪些？举例说明。
6. 传统科层组织向平台型组织转型的关键是什么？需要哪些步骤？
7. 什么是生态型组织？生态型组织具有哪些特点？

【案例研读】

华为组织学习机制

1987年,华为在广东省深圳市成立时,是一家生产用户交换机的香港公司的销售代理。历经几十年的发展,华为已成为全球领先的信息与通信技术(ICT)解决方案供应商,掌握的技术专利数量在行业内也遥遥领先,而这显然与华为坚持组织学习与创新发展的企业基因密不可分。

1.完善的培训体系——培养员工自我学习能力

华为注重人力资本的增值目标,强调组织学习是实现这一目标的有效途径,旨在将自己打造为学习型组织。为此,华为搭建了以华为大学为主体的完善的培训体系,集一流教师队伍、一流教学设备和优美培训环境于一体,拥有千余名专、兼职教师和能同时容纳3 000名学员的培训基地。经过多年积累,华为的培训体系在业内已独树一帜。

此外,关于培训,任正非有一个独到的见解:"技术培训主要靠自己努力,而不是天天听别人讲课。其实每个岗位天天都在接受培训,培训无处不在、无时不有。成功者都主要靠自己努力学习,成为有效的学习者,而不是被灌输者,要不断刻苦学习提高自己的水平。"

因此,华为培训的本质并不是为了获取某种技能,而是为了不断提高员工自我学习的能力。

2.任职资格制度——激发员工学习动力

为提高新员工学习动力,打造有效的激励机制,华为推行任职资格制。以软件工程师为例,其等级划分为1—9级,9级的待遇相当于副总裁级别。新员工进来后,华为会明确清晰地告知其职业发展和晋升路径,比如1级的考核标准是写万行代码,做什么类型的产品等。

3.导师制——帮助员工成长

为帮助员工快速成长,提升专业知识和能力,华为推行"导师制",信奉"最优秀的人培养更优秀的人"的人才培养理念。

华为对导师的确定必须符合两个条件:首先,业绩优秀,在工作中有产出。其次,充分认可华为企业文化。同时为了保证效果,华为划定了每位导师最多同时培养两位员工的指导幅度。

导师在员工培养中扮演以下角色:

①教师、教练和辅导员;

②榜样;

③能力与潜质的开发者;

④值得员工信赖的保护人;

⑤技术带头人、提携者;

⑥提供机会和纠正错误者;

⑦思想引导者。

4.岗位轮换——开拓学习视野

任正非注重干部和基层员工的流动,鼓励华为员工掌握各领域的知识,不断汲取各方面的营养。华为信奉"之"形的员工成长理念,认为员工在不同部门轮岗,掌握各方面的专业知识和技能,那么,在面临挑战和困难时,员工则可以从全局思考,能实现全方位、全角度、全流程地思考解决方案。并且通过这种培养方式,更有助于培养出具有视野、意志坚定的领导队伍。

5.授权与决策——提供学习机会

华为强调"让听得见炮声的人来呼唤炮火",要求"班长"在最贴近用户和市场的前线发挥作用,让最清楚行业、市场变化的人来指挥,提高应变能力,捕捉机会。通过这种方式,优秀的"班长"可以在战争中学习和成长,从而成为精英中的精英。

资料来源:华为的"学习型组织"是如何炼成的? 案例网

分析与思考:

1.华为组织学习的主要特征有哪些? 你认为驱动华为成为学习型组织的因素有哪些?

2.结合所学知识,分析华为等平台型组织应如何进一步完善组织学习。

参考文献

[1] 亚伯拉罕·马斯洛. 动机与人格:英文版[M]. 3 版. 北京:清华大学出版社,2020.

[2] 斯蒂芬·罗宾斯,蒂莫西·贾奇. 组织行为学[M]. 孙健敏,朱曦济,李原,译. 18 版. 北京:中国人民大学出版社,2021.

[3] 桑德拉·黑贝尔斯,里查德·威沃尔二世. 有效沟通[M]李业昆,译. 7 版. 北京:华夏出版社,2005.

[4] 爱德华·特纳. 技术的报复:墨菲法则和事与愿违[M]. 徐俊培,钟季康,姚时宗,译. 上海:上海科技教育出版社,2012.

[5] 班小辉. "零工经济"下任务化用工的劳动法规制[J]. 法学评论,2019,37(3): 106-118.

[6] 卜云峰,郭建琴. 数字经济变革下的"领导力五力模型"研究[J]. 中国集体经济, 2021(24):101-102.

[7] 蔡宁伟. 自组织与平台组织的崛起[J]. 清华管理评论,2015(11):70-76.

[8] 曹威麟,洪进. 组织行为学[M]. 北京:北京大学出版社,2015.

[9] 陈春花,杨忠,曹洲涛,等. 组织行为学[M]. 3 版. 北京:机械工业出版社,2016.

[10] 陈春花,赵海然. 共生:未来企业组织进化路径[M]. 北京:中信出版社,2018.

[11] 陈国权,马萌. 组织学习的过程模型研究[J]. 管理科学学报,2000,3(3):15-23.

[12] 陈国权. 组织学习和学习型组织:概念、能力模型、测量及对绩效的影响[J]. 管理评论,2009,21(1):107-116.

[13] 陈军. 基于实践社群平台的组织知识共享问题研究:从社会网络视角[D]. 重庆:重庆大学,2010.

[14] 陈威如,王节祥. 依附式升级:平台生态系统中参与者的数字化转型战略[J]. 管理世界,2021,37(10):195-214.

[15] 陈威如,徐玮伶. 平台组织:迎接全员创新的时代[J]. 清华管理评论,2014,23 (7):46-54.

[16] 陈威如,余卓轩. 平台战略:正在席卷全球的商业模式革命[M]. 北京:中信出版社,2013.

[17] 陈武,李晓园. 众创空间平台组织竞争力的结构、测量及对创业者参与度的影响研究[J]. 管理评论,2022,34(2):256-268.

[18] 陈武,李燕萍. 嵌入性视角下的平台组织竞争力培育:基于众创空间的多案例研究

[J]．经济管理,2018,40(3):74-92.

[19] 陈忠卫,潘莎．组织公正感的理论研究进展与发展脉络述评[J]．现代财经(天津财经大学学报),2012,32(7):115-121.

[20] 范俊君,田丰,杜一,等．智能时代人机交互的一些思考[J]．中国科学:信息科学,2018,48(4):361-375.

[21] 郭梅,赵秀丽．基于网格的供应链资源共享研究[J]．商业时代,2012(23):25-26.

[22] 韩沐野．传统科层制组织向平台型组织转型的演进路径研究:以海尔平台化变革为案例[J].中国人力资源开发,2017(3):114-120.

[23] 郝洁．虚拟沟通:疫情之下人生的扩展[J]．清华管理评论,2020(6):50-56.

[24] 郝旭光,张嘉祺,雷卓群,等．平台型领导:多维度结构、测量与创新行为影响验证[J]．管理世界,2021,37(1):186-199.

[25] 郝旭光．平台型领导:一种新的领导类型[J]．中国人力资源开发,2016(4):6-11.

[26] 郝旭光．平台型领导:自达达人[J]．北大商业评论,2014(9):92-99.

[27] 何琦,胡斌,王如意．平台动态激励、消费采纳与数字内容创新:基于三方主体演化博弈分析[J]．运筹与管理,2022,31(9):41-48.

[28] 胡国栋,王琪．平台型企业:互联网思维与组织流程再造[J]．河北大学学报(哲学社会科学版),2017,42(2):110-117.

[29] 黄再胜．网络平台劳动的合约特征、实践挑战与治理路径[J]．外国经济与管理,2019,41(7):99-111.

[30] 霍国庆,孟建平,刘斯峰．信息化领导力研究综述[J]．管理评论,2008,20(4):31-38.

[31] 江积海,李琴．平台型商业模式创新中连接属性影响价值共创的内在机理:Airbnb的案例研究[J]．管理评论,2016,28(7):252-260.

[32] 江晓原．人工智能:威胁人类文明的科技之火[J]．探索与争鸣,2017(10):18-21.

[33] 杰奥夫雷·G.帕克,马歇尔·W.埃尔斯泰恩,桑基特·保罗·邱达利．平台革命:改变世界的商业模式[M]．志鹏,译.北京:机械工业出版社,2017.

[34] 郎唯群．平台经济的公平与效率:以外卖骑手为例[J]．社会科学动态,2021(4):40-48.

[35] 黎继子,库瑶瑶,刘春玲,等．众包与供应链耦合:众包供应链演化与驱动模式[J]．科研管理,2020,41(7):42-49.

[36] 李雷,杨怀珍,简兆权．打开网络平台众创的"黑箱"[J]．科研管理,2020,41(9):77-86.

[37] 李平,孙黎,邹波,等．虑深通敏 与时偕行:三台组织架构如何应对危机[J]．清华管理评论,2020(5):79-85.

[38] 李平,杨政银．"三台架构":面向未来的生态型组织范式[J]．商业评论,2018

(11):92-105.

[39] 李燕萍,陈武,陈建安. 创客导向型平台组织的生态网络要素及能力生成研究[J]. 经济管理,2017,39(6):101-115.

[40] 李燕萍,苗力. 企业数字领导力的结构维度及其影响:基于中国情境的扎根理论研究[J]. 武汉大学学报(哲学社会科学版),2020,73(6):125-136.

[41] 刘刚,张泠然,梁晗,等. 互联网创业的信息分享机制研究:一个整合网络众筹与社交数据的双阶段模型[J]. 管理世界,2021,37(2):107-125.

[42] 刘绍荣,夏宁敏,唐欢,等. 平台型组织[M]. 北京:中信出版社,2019.

[43] 刘亚,龙立荣,李晔. 组织公平感对组织效果变量的影响[J]. 管理世界,2003(3):126-132.

[44] 刘追,闫舒迪. 企业电子领导力的发展、挑战和对策[J]. 领导科学,2015(26):44-47.

[45] 龙立荣,梁佳佳,董婧霓. 平台零工工作者的人力资源管理:挑战与对策[J]. 中国人力资源开发,2021,38(10):6-19.

[46] 卢彦. 互联网思维2.0:传统企业互联网转型[M]. 北京:机械工业出版社,2015.

[47] 罗珉,杜华勇. 平台领导的实质选择权[J]. 中国工业经济,2018(2):82-99.

[48] 门理想. 公共部门数字领导力:文献述评与研究展望[J]. 电子政务,2020(2):100-110.

[49] 蒙慧欣. 如何看待外卖骑手与平台之间的关系[J]. 计算机与网络,2021,47(2):6-7.

[50] 孟晓斌,王重鸣,杨建锋. 企业组织变革中的动态能力多层适应性探析[J]. 外国经济与管理,2008,30(2):1-8.

[51] 中国科学院"科技领导力研究"课题组. 领导力五力模型研究[J]. 领导科学,2006(9):20-23.

[52] 穆胜. 超级平台型组织:企业如何变硅谷[J]. 中欧商业评论,2020,8(7):16-22.

[53] 穆胜. 平台型组织:释放个体与组织的潜能[M]. 北京:机械工业出版社,2020.

[54] 穆胜. 释放潜能:平台型组织的进化路线图[M]. 北京:人民邮电出版社,2018.

[55] 裴嘉良,刘善仕,崔勋,等. 零工工作者感知算法控制:概念化、测量与服务绩效影响验证[J]. 南开管理评论,2021,24(6):14-27.

[56] 裴嘉良,刘善仕,钟楚燕,等. AI算法决策能提高员工的程序公平感知吗?[J]. 外国经济与管理,2021,43(11):41-55.

[57] 沈锦浩. 从工厂工人到网约工:平台经济时代农民工就业问题的变与不变[J]. 天津行政学院学报,2021,23(5):87-95.

[58] 宋保振. 数字时代信息公平失衡的类型化规制[J]. 法治研究,2021(6):80-92.

[59] 孙萍,陈玉洁. "时间套利"与平台劳动:一项关于外卖配送的时间性研究[J]. 新

视野,2021(5):109-116.

[60] 孙效华,张义文,秦觉晓,等. 人机智能协同研究综述[J]. 包装工程,2020,41(18): 1-11.

[61] 王彬彬,李晓燕. 互联网平台组织的源起、本质、缺陷与制度重构[J]. 马克思主义 研究,2018(12):65-73.

[62] 王节祥,陈威如,江诗松,等. 平台生态系统中的参与者战略:互补与依赖关系的解 耦[J]. 管理世界,2021,37(2):126-147.

[63] 王节祥,陈威如. 平台演化与生态参与者战略[J]. 清华管理评论,2019,77(12): 76-85.

[64] 王节祥,刘永贲,陈威如. 平台企业如何激发生态互补者创新[J]. 清华管理评论, 2021,91(5):88-94.

[65] 王坤,周鲁耀. 平台企业的自治与共治[J]. 浙江学刊,2021(1):4-15.

[66] 王水莲,李志刚,杜莹莹. 共享经济平台价值创造过程模型研究:以滴滴、爱彼迎和 抖音为例[J]. 管理评论,2019,31(7):45-55.

[67] 王馨博,李春利,高良谋. 平台到底是什么:基于分工与协调视角[J]. 科技进步与 对策,2022,39(3):153-160.

[68] 王滢,邓春平,郭馨梅,等. 移动社交媒体对虚拟团队知识共享的作用研究[J]. 情 报理论与实践,2015,38(11):59-63.

[69] 魏巍,刘贝妮,凌亚如. 平台工作游戏化对网约配送员工作卷入的"双刃剑"影响: 心流体验与过度劳动的作用[J]. 南开管理评论,2022,25(5):159-171.

[70] 魏昕,黄鸣鹏,李欣悦. 算法决策、员工公平感与偏差行为:决策有利性的调节作用 [J]. 外国经济与管理,2021,43(11):56-69.

[71] 肖红军. 责任型平台领导:平台价值共毁的结构性治理[J]. 中国工业经济,2020, (7):174-192.

[72] 谢小云,左玉涵,胡琼晶. 数字化时代的人力资源管理:基于人与技术交互的视角 [J]. 管理世界,2021,37(1):200-216.

[73] 辛杰,孔茗,谢荣贝. 平台型领导:概念、维度与测量[J]. 科学学研究,2020,38 (8):1481-1488.

[74] 邢小强,汤新慧,王珏,等. 数字平台履责与共享价值创造:基于字节跳动扶贫的案 例研究[J]. 管理世界,2021,37(12):152-176.

[75] 徐晋. 平台经济学:平台竞争的理论与实践[M]. 上海:上海交通大学出版 社,2007.

[76] 徐景一. 算法主导下的平台企业劳动关系与治理路径[J]. 社会科学辑刊,2021 (5):164-171.

[77] 徐琪,吴翠,陈歆. 共享平台下供应链闲置资源动态优化配置策略[J]. 运筹与管

理,2021,30(9):86-92.

[78] 杨洪峰. 共享之翼:平台组织和人力共享[J]. 首席人才官商业与管理评论,2018
(2):5.

[79] 杨皎平,戴万亮,李豪. 人岗匹配、资源赋能与平台企业员工创新激情[J]. 科研管
理,2022,43(10):200-208.

[80] 杨少杰. 进化组织形态管理[M]. 北京:中国发展出版社,2014.

[81] 杨智,刘新燕,万后芬. 国外组织学习研究综述[J]. 外国经济与管理,2004,26
(12):15-20.

[82] 叶韦明,欧阳荣鑫. 重塑时空:算法中介的网约劳动研究[J]. 浙江学刊,2020(2):
167-176.

[83] 尹晓娟. 刍议互联网时代企业组织结构的变革[J]. 商业经济研究,2020(24):
107-110.

[84] 张大鹏,孙新波,刘鹏程,等. 整合型领导力对组织创新绩效的影响研究[J]. 管理
学报,2017,14(3):389-399.

[85] 张大鹏,孙新波. 平台型商业生态系统中整合型领导力对企业协同创新绩效的作用
机制研究[J]. 上海管理科学,2018,40(1):67-76.

[86] 张贵,温科,宋新平,等. 创新生态系统:理论与实践[M]. 北京:经济管理出版
社,2018.

[87] 张继勋,韩冬梅. 网络互动平台沟通中管理层回复的及时性、明确性与投资者投资
决策:一项实验证据[J]. 管理评论,2015,27(10):70-83.

[88] 张敬博,席酉民,孙悦. 张力视角下的平台组织治理规则:基于海尔平台的案例研究
[J]. 西安交通大学学报(社会科学版),2022,42(1):141-154.

[89] 张镒,刘人怀,陈海权. 商业生态圈中平台企业生态优势形成路径:基于京东的纵向
案例研究[J]. 经济与管理研究,2018,39(9):114-124.

[90] 张镒,刘人怀,陈海权. 商业生态系统中的平台领导力影响因素:基于扎根理论的探
索性研究[J]. 南开管理评论,2020,23(3):28-38.

[91] 张镒,刘人怀. 互补性资产、平台领导力对双元创新的影响:基于环境复杂性的调节
作用[J]. 管理评论,2020,32(10):158-169.

[92] 章文光,贾茹. 人工智能的社会伦理困境:提升效率、辅助与替代决策[J]. 东岳论
丛,2021,42(8):92-100.

[93] 郑祁,杨伟国. 零工经济的研究视角:基于西方经典文献的述评[J]. 中国人力资源
开发,2019,36(1):129-137.

[94] 钟琦,杨雪帆,吴志樵. 平台生态系统价值共创的研究述评[J]. 系统工程理论与实
践. 2021,41(2):421-430.

[95] ADNER R. Ecosystem as structure:An actionable construct for strategy[J]. Journal of

management,2017,43(1):39-58.

[96] ADNER R, KAPOOR R. Value creation in innovation ecosystems: How the structure of technological interdependence affects firm performance in new technology generations [J]. Strategic Management Journal,2010,31(3):306-333.

[97] ADNER R. Match your innovation strategy to your innovation ecosystem[J]. Harvard Business Review,2006,84(4):98-107,148.

[98] AGUINIS H, LAWAL S O. Elancing: A review and research agenda for bridging the science-practice gap[J]. Human Resource Management Review,2013,23(1):6-17.

[99] ALDER G S, AMBROSE M L. An examination of the effect of computerized performance monitoring feedback on monitoring fairness,performance,and satisfaction[J]. Organizational Behavior and Human Decision Processes,2005,97(2):161-177.

[100] ARGOTE L. Organizational learning [M]. New York: Springer US,2013.

[101] ARGOTE L, BECKMAN S L, EPPLE D. The persistence and transfer of learning in industrial settings[J]. Management Science,1990,36(2):140-154.

[102] ARGYRIS C, SCHÖN D A. Organizational learning: A theory of action perspective [J]. Revista Española De Investigaciones Sociológicas,1997,1 (77/78):345-348.

[103] ARGYRIS C, SCHÖN D. Organizational learning: A theory of action research [M]. Reading, Mass:Addison-Wesley Pub, Co. ,1978.

[104] AVOLIO B J, KAHAI S, DODGE G E. E-leadership: Implications for theory, Research,and Practice[J]. The Leadership Quarterly,2000,11(4):615-668.

[105] BENNIS W, NANUS B. Leaders[M]. New York: Harper & Row,1985.

[106] BEYER J M. Ideologies,values,and decision making in organizations[J]. Hand-book of Organizational Design,1981(2):166-197.

[107] BOWEN G L, ROSE R A, WARE W B. The reliability and validity of the school success profile learning organization measure [J]. Evaluation and Program Planning, 2006,29(1):97-104.

[108] BURKE W W. Organization change: Theory and practice[M]. Thousand Oaks,Calif: Sage Publications,2002.

[109] BURRELL J. How the machine 'thinks': Understanding opacity in machine learning algorithms[J]. BIG DATA & SOCIETY,2016,3(1):1-12.

[110] CECCAGNOLI M,FORMAN C, HUANG P,et al. Cocreation of value in a platform ecosystem: The case of enterprise software[J]. MIS Quarterly,2012,36(1):263-290.

[111] CENNAMO C, SANTALO J. Platform competition: Strategic Trade-offs in platform markets[J]. Strategic Management Journal,2013,34(11):1331-1350.

[112] COCKAYNE D G. Sharing and neoliberal discourse: The economic function of sharing

in the digital on-demand economy[J]. Geoforum,2016(77):73-82.

[113] GULER K,MCINTYRE D. An evolutionary model of platform organizations[J]. Academy of Management Proceedings,A Virtual Experience,2021(1):12573.

[114] CORTELLAZZO L, BRUNI E, ZAMPIERI R. The role of leadership in a digitalized world: A Review[J]. Frontiers in Psychology,2019(10):1938.

[115] CUSUMANO M A, GAWER A. The elements of platform leadership[J]. IEEE Engineering Management Review,2003,31(1):8.

[116] DAFT R L, WEICK K E. Toward a model of organizations as interpretation systems [J]. Academy of Management Review,1984,9(2):284-295.

[117] DECONINCK J, BACHMANN D. The impact of equity sensitivity and pay fairness on marketing managers' job satisfaction,organizational commitment and turnover intentions [J]. Marketing and Management Journal,2007,17(2):134-141.

[118] DIETVORST B J, SIMMONS J P, MASSEY C. Algorithm aversion: People erroneously avoid algorithms after seeing them err[J]. Journal of Experimental Psychology: General,2015,144(1):114-126.

[119] DUGGAN J,SHERMAN U, CARBERY R,et al. Algorithmic management and app-work in the gig economy: A research agenda for employment relations and HRM[J]. Human Resource Management Journal,2020,30(1):114-132.

[120] DUNCAN R B. Modifications in decision structure in adapting to the environment: Some implications for organizational learning[J]. Decision Sciences, 1974, 5 (4): 705-725.

[121] EISENBEISS S A. Re-thinking ethical leadership: An interdisciplinary integrative approach[J]. The Leadership Quarterly,2012,23(5):791-808.

[122] EVANS D S, HAGIU A, SCHMALENSEE R. Invisible engines: How software platforms drive innovation and transform industries[M]. London:The MIT Press,2006.

[123] EVANS D S, SCHMALENSEE R. Markets with two-sided platforms? [J]. Issues in Competition and Law and Policy,2008,1(28):667-693.

[124] EVANS D S. Some empirical aspects of multi-sided platform industries[J]. Review of Network Economics,2003,2(3):191-209.

[125] FIOL C M, LYLES M A. Organizational learning[J]. Academy of Management Review,1985,10(4):803-813.

[126] GAL U, JENSEN T B, STEIN M K. Breaking the vicious cycle of algorithmic management: A virtue ethics approach to people analytics[J]. Information and Organization,2020,30(2):100301.

[127] GALBRAITH J R. Designing complex. organizations[M]. Reading,Mass: Addison-

Wesley Pub. Co. ,1973.

[128] GAWER A, CUSUMANO M A. Platform leadership: How intel, microsoft, and cisco drive industry innovation[M]. Boston: Harvard Business School Press,2002.

[129] GAWER A, HENDERSON R. Platform owner entry and innovation in complementary markets: Evidence from Intel[J]. Journal of Economics & Management Strategy,2007, 16(1):1-34.

[130] GAWER A. Bridging differing perspectives on technological platforms: Toward an integrative framework[J]. Research policy,2014,43(7):1239-1249.

[131] GREENBERG J. The social side of fairness: Interpersonal and informational classes of organizational justice[C]. Cropanzano R. ed, Justice in the Workplace: Approaching Fairness in Human Resource Management,Hillsdale,NJ: Erlbaum,1993,79-103.

[132] GHERARDI S, NICOLINI D. The organizational learning of safety in communities of practice[J]. Journal of Management Inquiry,2000,9(1):7-18.

[133] GILLEY J W, MAYCUNICH A. Beyond the learning organization[M]. London: Perseus Books,2000.

[134] HEDBERG B. How organizations learn and unlearn? [J]. Handbook of Organizational Design,1981(1):3-27.

[135] HREBINIAK L G, JOYCE W F. Implementing strategy[M]. New York: Macmillan,1984.

[136] HUBER G P. Organizational learning: The contributing processes and the literatures [J]. Organization Science,1991,2(1):88-115.

[137] JARVENPAA S L, LEIDNER D E. Communication and trust in global virtual teams [J]. Organization Science,1999,10(6):791-815.

[138] JEREZ-GÓMEZ P,CÉSPEDES-LORENTE J, VALLE-CABRERA R. Organizational learning capability: a proposal of measurement[J]. Journal of Business Research, 2005,58(6):715-725.

[139] KELLOGG K C,VALENTINE M A, CHRISTIN A. Algorithms at work: The new contested terrain of control[J]. Academy of Management Annals,2020,14(1):366-410.

[140] KLING R, IACONO S. The mobilization of support for computerization: The role of computerization movements[J]. Social Problems,1988,35(3):226-243.

[141] KRETSCHMER K, MEYER D S. Platform Leadership: Cultivating Support for a Public Profile[J]. American Behavioral Scientist,2007,50(10):1395-1412.

[142] LEAVITT H J. Some effects of certain communication patterns on group performance [J]. The Journal of Abnormal and Social Psychology,1951,46(1):38-50.

[143] LEVENTHAL G S, KARUZA J, FRY W R. Beyond fairness: A theory of allocation

preferences[J]. Justice and Social Interaction,1980(3):167-218.

[144] LEVITT B, MARCH J G. Organizational learning[J]. Annual Review of Sociology, 1988(14):319-338.

[145] LYLES M A. "Learning Among JV-Sophisticated Firms", in F. Contractor and P. Lorange (eds) Cooperative Strategies in International Business[M]. Toronto: Lexington Books,1988.

[146] LYON D. An electronic panopticon? A sociological critique of surveillance theory[J]. The Sociological Review,1993,41(4):653-678.

[147] MARCH J G, SIMON H A. Organizations[M]. New York: Wiley-Blackwell,1978.

[148] MASLOW A H. Motivation and personality[M]. New Delhi: Prabhat Prakashan,1981.

[149] MCINTYRE D, SRINIVASAN A, AFUAH A,et al. Multisided platforms as new organizational forms[J]. Academy of Management Perspectives,2021,35(4):566-583.

[150] MEIJERINK J, KEEGAN A. Conceptualizing human resource management in the gig economy: Toward a platform ecosystem perspective[J]. Journal of managerial psychology,2019,34(4):214-232.

[151] MEYER A D. Adapting to environmental jolts[J]. Administrative Science Quarterly, 1982,27(4):515-537.

[152] MICHAEL S R. Organizational change techniques: their present,their future[J]. OrganDyn,1982,11(1):67-80.

[153] MILES R E, SNOW C C. Organizational strategy, structure and process[M]. New York: McGraw-Hill,1978.

[154] MOORE G C, BENBASAT I. Development of an instrument to measure the perceptions of adopting an information technology innovation[J]. Information systems research, 1991,2(3):192-222.

[155] MORGAN J S. Managing change: the strategies of making change work for you[M]. New York: McGraw-Hill,1972.

[156] MORLEY J,FLORIDI L, KINSEY L,et al. From what to how: an initial review of publicly available AI ethics tools,methods and research to translate principles into practices [J]. Science And Engineering Ethics,2020,26(4):2141-2168.

[157] OLSZAK C M. Toward better understanding and use of business intelligence in organizations[J]. Information Systems Management,2016,33(2):105-123.

[158] ORLIKOWSKI W J. Using technology and constituting structures: A practice lens for studying technology in organizations[J]. Organization Science,2000,11(4):404-428.

[159] PEDLER M, BOYDELL T, BURGOYNE J. The learning company[J]. Studies in Continuing Education,1989,11(2):91-101.

[160] PETRIGLIERI G, ASHFORD S J, WRZESNIEWSKI A. Agony and ecstasy in the gig economy: cultivating holding environments for precarious and personalized work identities[J]. Administrative Science Quarterly,2019,64(1):124-170.

[161] RITZER G, STEPNISKY J. Sociological theory[M]. New York:McGraw-Hill Higher Education,2010.

[162] ROMAN A V,VAN W M, WANG X H,et al. Defining e-leadership as compe- tence in ict-mediated communications: An exploratory assessment[J]. Public Administration Review,2019,79(6):853-866.

[163] SENGE P M. The fifth discipline: The art and practice of the learning organization [M]. New York: Doubleday/Currency,1990.

[164] SENGE P,KLEINER A, ROBERTS C,et al. The dance of change: The challenges to sustaining momentum in learning organizations[J]. Performance Improvement,1999,38 (5):55-58.

[165] SINKULA J M. Market-information processing and organizational learning[J]. Journal of Marketing,1994,58(1):35-45.

[166] SLATER S F, NARVER J C. Market orientation and the learning organization[J]. Journal of Marketing,1995,59(3):63-74.

[167] SNELL R, CHAK A M K. The learning organization: Learning and empowerment for whom? [J]. Management Learning,1998,29(3):337-364.

[168] STRAUSZ R A theory of crowdfunding: A mechanism design approach with demand uncertainty and moral hazard [J]. American Economic Review, 2017, 107 (6): 1430-1476.

[169] THOMAS L D W, AUTIO E, GANN D M. Architectural leverage: Putting platforms in context[J]. IEEE Engineering Management Review,2014,42(4):18-40.

[170] TSCHANG F T, ALMIRALL E. Artificial intelligence as augmenting automation: implications for employment[J]. Academy of Management Perspectives, 2021,35(4): 642-659.

[171] VALLAS S, SCHOR J B. What do platforms do? Understanding the gig Economy[J]. Annual Review of Sociology,2020,46(1):273-294.

[172] VAN W M, ROMAN A, WANG X H,et al. Operationalizing the definition of e-leadership: identifying the elements of e-leadership [J]. International Review of Administrative Sciences,2019,85(1):80-97.

[173] VEEN A,BARRATT T, GOODS C. Platform-Capital's "appetite" for control: A labour process analysis of food-delivery work in Australia[J]. Work,Employment and Society, 2020,34(3):388-406.

[174] VATERLAUS J M,PATTEN E V, ROCHE C,et al. Gettinghealthy: The perceived in-fluence of social media on young adult health behaviors[J]. Computers in Human Be-havior,2015(45):151-157.

[175] VENKATESH V, DAVIS F D. A theoretical extension of the technology acceptance model: Four longitudinal field studies [J]. Management science, 2000, 46 (2): 186-204.

[176] WANG B,LIU Y, PARKER S. K. How does the use of information communication technology affect individuals? A work design perspective[J]. Academy of Management Annals,2020,14(2):695-725.

[177] WESCHE J S, SONDEREGGER A. When computers take the lead: The automation of leadership[J]. Computers in human Behavior,2019(101):197-209.

[178] YI Y, GONG T. Customer value co-creation behavior: Scale development and validation[J]. Journal of Business research,2013,66(9):1279-1284.